◇◇◇◇◇◇◇◇◇

하나님의 본심을 아는 기도

하나님의 본심을 아는 기도

초판 1쇄 발행 2016년 10월 25일

지은이 김대광
디자인 김민구

발행처 도서출판 길
주소 경기 성남시 분당구 야탑로 65번길 8(야탑동 354-4) 나인투빌딩 403호
주문전화 (031) 701-0436
홈페이지 www.booksgil.com
출판신고 2010년 9월 18일 제2010-000075호

ISBN 978-89-965799-8-4 03230

이 도서의 국립중앙도서관 출판예정도서목록(CIP)은 서지정보유통지원시스템 홈페이지
(http://seoji.nl.go.kr)와 국가자료공동목록시스템(http://www.nl.go.kr/kolisnet)에서
이용하실 수 있습니다. (CIP제어번호:CIP2016024547)

• 잘못된 책은 구입하신 곳에서 바꾸어 드립니다.

⟡⟡⟡⟡⟡⟡⟡⟡⟡

하나님의 본심을 아는 기도

김대광 지음

프롤로그

이 책은 두 가지 물음에서부터 시작되었습니다.

첫째는 '하나님을 믿는 사람들의 기도와 하나님을 믿지 않는 사람들의 기도는 어떻게 다를까?'하는 물음입니다.

세상에 신이 없다고 하는 사람도 자신의 힘으로 감당할 수 없는 일에 처했을 때 하늘을 원망하기도 하고 하늘에 도움을 간구하기도 합니다. 이것은 사람의 생각과 마음에 무의식적으로 신을 인정하고 있던 것이 극한 상황에서 표출되는 것이라 할 수 있습니다. 또한 기독교가 아닌 다른 종교를 가지고 있는 사람도 메디테이션(meditation 기독교의 묵상, 타종교의 명상)과 기도 생활을 합니다. 새벽마다 정화수를 떠놓고 정성으로 기도하기도 하고, 보름달을 보고 소원을 빌기도 하며, 깊은 산 속에 들어가 명상을 하기도 하고, '지성이면 감천'이라고 자신의 소원을 들어줄 것이라고 믿고 있는 신에게 지극정성을 다합니다. 반면 성도들은 교회의 새벽기도모임, 금요철야 기도모임에 참석하고 개인적인 기도시간이 있습니다. 때로는 기도원에 찾아가 기도하기도 합니다. 그렇다면 하나님을 믿지 않는 사람들의 기도와 하나님을 믿는 성도들의 차이는 무엇일까요?

둘째는 '기도가 과연 무엇이기에 하나님께서 성도들에게 기도하라고 하셨을까?'하는 물음입니다.

우리가 믿는 하나님은 전지전능하시고 모든 만물을 지으신 분입니다. 하나님은 모든 것을 계획하시고, 섭리하시며, 이루시는 분입니다. 어차피 모든 일이 하나님의 뜻대로 되는 것이라면 성도가 기도해야 하는 이유는 무엇일까요?

이 책에는 이 두 가지 물음에 대한 답이 담겨 있습니다. 여러분은 이 책을 읽는 동안 여러 믿음의 선진들의 기도와 예수님의 가르침을 통하여 그 답을 찾게 될 것입니다. 그리고 그들처럼 기도하고 싶은 마음이 들 것입니다. 그들의 기도가 여러분들의 기도가 되기를 원합니다. 그리고 그들의 기도를 들으시고 응답하셨던 하나님께서 여러분의 기도를 들으시고 응답하시는 것을 만나게 되기를 소망합니다.

끝으로 〈하나님의 본심을 아는 기도〉라는 주제로 성도 여러분과 은혜를 나누게 하신 하나님께 감사드리며 출간을 위해 기도해 주신 분들, 그리고 편집으로 수고해 주신 도서출판길의 관계자 분들에게 감사의 말씀을 드립니다.

2016년 10월

◇◇◇◇◇
목차

Part 1

기도의 본질

◇◇◇◇◇◇◇◇◇◇◇◇◇

1

기독교에서
기도란 무엇일까요?

사람들은 흔히 기도가 성도의 호흡과 같다고 이야기 합니다. 숨을 쉬는 것은 곧 우리의 생명과 연결 되어 있기 때문에 호흡은 그만큼 우리의 생사를 결정하는 중요한 요소입니다. 성경도 이와 관련하여 기도의 중요성을 말하고 있습니다. '쉬지 말고 기도하라'(살전5:17). 살아 있는 사람은 잠이 든 순간에도 무의식적으로 호흡하며 생명을 이어가는 것과 같이 우리는 기도를 통해 우리의 영이 늘 깨어서 하나님과 교제할 수 있습니다.

호흡이 사람의 생사를 가르는 것처럼 기도가 성도에게 꼭 필요한 요소이지만 그 중요성을 인식하고 있는 성도는 많지 않습니다. 예수 그리스도를 믿어 구원을 받고 하나님의 자녀가 된 사람이라면 누구나 예수 그리스도를 힘입어 기도할 수 있습니다.

성도에게 기도는 선택이 아니라 의무이자 권리입니다. 성도라면 누구나 기도해야 합니다. 매일의 식기도처럼 일상적인 기도뿐만 아니라 하나님과 깊은 교제를 나눌 수 있는 기도를 해야 합니다.

기도(祈禱)라는 단어의 국어사전적 정의를 살펴보면 祈(빌기)와 禱(빌도)를 써서 '인간보다 능력이 뛰어나다고 생각하는 어떠한 절대적 존재에게 비는 것 또는 그런 의식'을 말한다고 되어 있습니다. 국어사전의 정의와 같이 기도가 어떤 절대자에게 빌고 비는 행위라고 한다면 종교와 믿음을 떠나 인간은 모두 기도한다고 할 수 있습니다. 사람들은 자신이 감당할 수 없는 불가항력적인 일을 만나면 하늘을 바라보며 원망하거나 도움을 구하기도 합니다. 대부분의 사람들은 다급한 일이 생기거나 무엇인가를 간절히 원할 때 자신보다 뛰어나다고 믿고 있는 어떤 대상-조상, 천지신명, 부처, 우상, 보름달, 하늘 등-에게 빌고 비는 기도를 하고 있습니다.

이렇게 우리가 일반적으로 알고 있는 기도가 빌고 비는 행위인데 과연 하나님께서 말씀하시는 기도도 그와 같을까요? 하나님께서 말씀하시는 기도는 우리가 흔히 생각하는 것처럼 우리가 원하고 바라는 무엇인가를 아뢰고 구하는 것이 아닙니다. 기독교에서 말하는 기도는 '관계성'에서 출발합니다. 즉, 하나님과 내가 어떤 관계가 있기 때문에 우리는 하나님께 기도할 수 있고 하나님은 그 기도를 들으시고 응답해 주신다는 것입니다. 기독교의 기도가 타종교의 기도와 다른 점은 우리의 기도는 하나님께 구원받은 자로서 아버지와 자녀의 관계가 형성된 것을 기초로 하고 있다는 것입니다. 예수 그리스도로 구원받은 성도들에게 하나님은 우리의 창조자시고 구원자시며, 아버지, 주권자가 되십니다. 또 성도는 하나님 앞에서 피조물이고 구원 받은 자이며, 자녀, 그 분의 다스림을 받는 자입니다. 이렇게 형성된 사랑과 인격적 관계 안에서 우리는 예수 그리스도로 말미암아 당당하게 구할 수 있습니다.

하나님의 본심을 아는 기도가 무엇인지 알기 위해서 가장 중요한 기도의 자세는 '겸손'입니다. 자기 힘으로 살 수 있다고 생각하는 사람은 절대 기도하지 않습니다. 그러나 자신이 누군지 알고 자신의 한계를 인정하는 사람은 기도합니다. 겸손한 사람은 하나님께서 세상 모든 만물을 지으셨으며 지금도 통치하시고 우리의 모든 것을 알고 계신 것을 인정합니다. 그렇기 때문에 하나님을 필요로 하여 자신의 삶 속에 하나님을 요청합니다. 이와 같이 기도는 하나님의 주권을 인정하는 것이라고 할 수 있습니다. 기독교의 기도는 우리의 뜻을 관철시키는 도구가 아니라 하나님의 주권을 인정하여 하나님의 섭리를 깨달아 가는 과정이며 우리의 생각이 하나님의 뜻에 부합되도록 수정하는 과정입니다.

하나님께서는 이런 과정을 통해서 우리 자신을 냉정하게 돌아보게 하시고 우리의 죄악을 자복하게 하십니다. 또 하나님의 뜻을 알게 하서서 하나님께서 계획하신 놀라운 일들을 구하게 하시므로 하나님의 일에 동참시키십니다. 성경에 기록된 대부분의 사건들을 보면 하나님과 인간의 입장의 차이가 큰 것을 볼 수 있습니다. 출애굽 사건만 하더라도 이스라엘 백성의 출애굽의 목적은 노예생활의 해방과 가나안 땅이었습니다. 그러나 하나님의 목적은 이스라엘 백성이 선민의 백성으로서 하나님을 알아가고 경배하여 온 세계에 하나님이 누구신지를 알리는 것이었습니다. 우리가 보는 것과 아는 것, 그리고 세상의 기준과 잣대를 가지고 기도하면 우리는 하나님과 끊임없이 다투는 자가 될 수밖에 없습니다. 그러나 하나님의 성품과 의도와 뜻을 기준으로 기도한다면 우리는 기도를 통해 하나님과 동행하며 교제하게 됩니다.

기도는 그 행위만 보면 인간이 시작하는 것처럼 보여 기도의 주체가 인간이라고 생각하기 쉽습니다. 그러나 기도의 주체는 하나님이십니다. 왜냐하면 하나님께서 원하시는 기도는 우리의 뜻대로 하는 기도가 아니라 하나님의 뜻대로 하는 기도인데 그것은 성령의 주장하심이 있어야지만 가능하기 때문입니다. 그래서 그 비밀을 아는 자들의 기도는 하나님의 은혜를 요청하는 것에서부터 시작합니다. 우리가 성령에 이끌려 기도하다보면 성령께서는 우리의 생각과 우리의 뜻을 내려놓게 하시고 하나님의 뜻에 이끌려 기도하게 하십니다. 예수님께서도 십자가의 죽음 앞에서 '아버지여 만일 아버지의 뜻이어든 이 잔을 내게서 옮기시옵소서. 그러나 내 원대로 마옵시고 아버지의 원대로 되기를 원하나이다(눅22:42)'라고 기도하신 것처럼 성령께서 우리를 주장해 주시면 우리의 기도는 우리의 소원을 말하다가도 하나님의 뜻대로 되기를 구하게 됩니다. 이렇게 하나님의 주권을 인정하고 성령의 뜻대로 기도하는 사람은 어떤 상황이나 결과에 흥분하거나 실망하지 않습니다. 왜냐하면 기도 중에 성령께서 하나님이 그 모든 것을 이미 알고 계시며 친히 인도하고 계신다는 믿음을 주셨기 때문입니다.

하나님께서는 예수 그리스도를 구주로 영접하고 하나님을 주인으로 모신 자에게 친히 손을 내밀어 붙들어 주십니다. 우리가 하나님을 선택한 것이 아니라 하나님께서 우리를 선택하시고 자녀를 삼아 주신 은혜입니다. 그러나 자기가 하나님을 선택했다고 믿는 순간 우리는 하나님의 주권을 인정하지 못하고 작은 어려움과 역경 앞에서도 고민하며 자신의 힘으로 극복하려고 애를 쓰게 됩니다. 우리가 하나님을 붙들고 있다고 믿으면 그것은 종교가 되지만 하나님께서 우리를 붙들고 계신 것을 믿으면 그것은 신앙이 됩니다. 하나님께서 우리를 부르셨습니다. 내가 하나님을 선택했다면 우리는 신앙을 지키기 위해 노력해야 하지만 하나님께서 나를 선택하셨고 부르신 것을 믿는다면 애쓰는 신앙생활이 아니라 하나님을 믿고 하나님의 뜻을 살피며 그 뜻에 순종하는 삶이 됩니다.

이와 같이 은혜로 우리를 부르신 주님께서는 기도하게 하심으로 하나님과 교제할 수 있는 통로를 열어 주셨습니다. 예수 그리스도를 믿는 사람은 누구나 기도를 통해 하나님을 부를 수 있습니다. 하나님의 본심을 알고 드리는 기도는 주어지는 것에 집착하지 않고 하나님께서 주시는 참 자유와 은혜를 깨달아 진정으로 간구해야 할 것을 구하며 믿음으로 선포하는 능력이 됩니다.

그러므로 기도란 우리의 목적한 바를 빌고 또 비는 것이 아니라 하나님의 뜻에 우리의 뜻을 맞춰가고, 하나님의 생각에 우리의 생각을 맞춰가며, 하나님의 계획에 우리의 계획을 맞춰가는 것입니다. 즉, 하나님과 하나가 되는 것이 곧 기도입니다.

2

하나님의 본심과
인간의 중심

〈하나님의 본심을 아는 기도〉라는 이 책의 제목처럼 과연 피조물인 인간이 하나님의 마음을 다 알 수 있을까요? 인간이 아무리 하나님을 안다고 해도 100% 하나님의 마음을 알 수는 없습니다. 하나님께서는 무한하시고 절대자인 반면에 인간은 한계를 지닌 유한한 존재이기 때문에 인간이 아무리 지혜롭고 하나님을 많이 경험했다 하더라도 하나님의 마음을 정확하게 다 알 수 없습니다. 그러나 이 책의 제목처럼 우리는 하나님의 본심이 무엇인지 알고자 해야 합니다.

본심(本心)이란 단어의 국어사전적 의미는 '본디부터 변함없이 그대로 가지고 있는 마음, 꾸밈이나 거짓이 없는 참마음'입니다. 그렇다면 하나님께서 처음부터 우리를 향해서 변함없이 그대로 가지고 계시는 마음은 어떤 마음일까요? 우리는 성경을 통해 때로는 죄를 범한 인간을 향해 노를 발하시고 징계하시며 죽이기까지 하시는 하나님을 볼 수 있습니다. 그렇게 냉정하고 잔인하게 보이기까지 하는 하나님의 본심은 무엇일까요?

> 주께서 인생으로 고생하며 근심하게 하심이 본심이 아니시로다 (애3:33)

> 너희는 범한 모든 죄악을 버리고 마음과 영을 새롭게 할찌어다 이스라엘 족속아 너희가 어찌하여 죽고자 하느냐 나 주 여호와가 말하노라 죽는 자의 죽는 것은 내가 기뻐하지 아니하노니 너희는 스스로 돌이키고 살찌니라 (겔18:31,32)

단연코, 하나님의 본심은 사랑입니다. 하나님의 마음 근본에는 피조물을 향하신 사랑이 있습니다. 하나님께서 하시는 모든 것을 하나님의 사랑이라는 관점에서 보기 시작하면 우리에게는 불평과 불만, 원망이 사라집니다. 우리에게 닥친 고난과 역경도 '하나님께서 나를 사랑하시는데 왜 이렇게까지 하실까?' 생각하면 하나님의 사랑을 만나게 됩니다. 그런 하나님께서 인간에게 찾으시는 마음은 '중심'입니다. '중심'이란 사물의 한 가운데, 확

고한 주관이나 줏대를 말합니다. 우리를 구원하신 하나님께서는 자녀들의 마음이 좌로나 우로 치우치지 않고 하나님만을 향하기를 원하십니다. 자녀들이 마음 중앙에 있는 자리에 세상것들이 아니라 하나님을 모심으로 하나님의 통치를 받는 하나님의 백성이 되기를 원하십니다. 그렇기 때문에 하나님께서 늘 우리에게 찾으시는 것은 하나님을 향한 진실한 마음의 중심입니다.

> 여호와께서 사무엘에게 이르시되 그 용모와 신장을 보지 말라 내가 이미 그를 버렸 노라 나의 보는 것은 사람과 같지 아니하니 사람은 외모를 보거니와 나 여호와는 중심을 보느니라 (삼상16:7)

> 여호와는 마음이 상한 자에게 가까이 하시고 중심에 통회하는 자를 구원하시는도다 (시34:18)

하지만 인간은 타락한 존재라서 그 중심을 세상과 사단의 속삭임에 내어 주기 쉽습니다. 우리의 중심이 어느 한 쪽으로 치우치게 되면 우리는 하나님의 본심도 볼 수 없고 하나님께서 하시는 일들도 볼 수 없게 됩니다. 그렇게 되면 하나님을 향해 원망하고 분노하며 자신의 힘으로 살아가려고 애쓰게 됩니다. 또 다시 중심에 내가 주인이 되어 나의 힘으로 살아가는 존재가 되어 버립니다. 모든 것에 하나님의 주권을 인정하지 못하고 우리의 존재이유를 잊게 되어 자신의 노력과 방법으로 인생을 헤쳐 나가려고 합니다.

그럴 때 우리가 기억해야 할 것이 '하나님의 본심'입니다. 하나님이 본심은 창조주와 구원자로서 갖는 마음입니다. 하나님은 구원한 백성들을 결코 버리실 수 없는 분입니다. 하나님의 백성들은 독생자 예수를 십자가에 내어 주시고 얻은 생명들이기 때문에 독생자 아들을 사랑하시는 것과 같이 우리를 사랑하십니다. 그렇게 우리를 사랑하시는 하나님께서 때로는 훈계와 채찍의 징계를 주시는 것은 우리가 하나님의 자녀로서 살아가기를 바라시기 때문입니다.

하나님은 우리를 사랑하시지만 우리의 죄악까지 사랑하실 수는 없는 분입니다. 왜냐하면 하나님은 거룩하신 분이기에 죄와 함께 하실 수 없기 때문입니다. 그래서 하나님의 자녀가 된 우리도 거룩하기를 원하십니다.

기록하였으되 내가 거룩하니 너희도 거룩할찌어다 하셨느니라
(벧전1:16)

나는 너희의 하나님이 되려고 너희를 애굽 땅에서 인도하여 낸
여호와라 내가 거룩 하니 너희도 거룩할찌어다 (레11:45)

하나님은 누구보다도 우리와 교제하기를 원하시지만 죄와
함께 하실 수 없기 때문에 우리의 죄악을 해결하시기 위해서 우
리를 힘들고 어려운 상황으로 몰아가서서라도 우리를 거룩하게
하시고 우리와의 관계를 유지하기 원하십니다.

하나님께서 하시는 모든 것은 사랑에서 출발합니다. 때로는
그것이 우리의 눈으로 보기에 이해하기 힘들고 납득할 수 없는
것이더라도 하나님의 입장에서는 사랑인 것이 확실합니다. 그럴
때 우리의 생각을 잠시 멈추고 하나님의 주권을 인정하는 기도
를 드린다면 성령께서는 다시 하나님의 본심과 뜻을 깨닫게 하
실 것입니다.

다음 장에서는 자신의 중심을 주님께 드리고 하나님의 본심
을 깨달았던 성경의 인물들에 관해서 다루고자 합니다. 이들의
기도와 하나님 앞에서 살았던 삶이 우리에게 도전과 신앙의 길
잡이가 되기를 바랍니다.

Part 2

성경 인물들의
기도를 통해 본
하나님의 본심

◇◇◇◇◇◇◇◇◇◇◇◇◇◇

1

야곱과 씨름하신
하나님의 본심

(창세기 32:22~31)

그 사람이 가로되 네 이름을 다시는 야곱이라 부를 것이 아니요
이스라엘이라 부를 것이니 이는 네가 하나님과 사람으로 더불어
겨루어 이기었음이니라 (창32:28)

아브라함의 손자이자 이삭의 아들인 야곱은 이스라엘 열두
지파의 조상입니다. 이삭의 아내 리브가는 쌍둥이를 임신하게
되었는데 하나님께서는 '큰 자는 어린 자를 섬길 것'이라는 말씀
으로 동생이었던 야곱을 향한 뜻을 드러내셨습니다 (창25:22,23). 야
곱이라는 이름은 '뒤에 있다', '발꿈치를 잡다', '밀어 젖히다', '속
여 넘기다'의 뜻을 가진 '아카브'에서 유래한 말로 야곱이 형 에서

의 발꿈치를 잡고 태어났기 때문에 붙여졌습니다. 야곱과 에서는 쌍둥이였지만 성격과 외모는 판이했습니다. 에서는 활동적이었고 남자다워 사냥을 좋아했으며 온 몸에 털이 많았다면 야곱은 곱상한 외모에 집에 있는 것을 좋아했습니다. 어느 날 이삭은 자신이 사랑하는 장자 에서에게 장자의 축복을 해주려고 했습니다. 그러나 야곱은 자신을 편애하던 어머니의 도움으로 아버지와 형을 속이고 장자의 축복을 받아 하나님의 언약의 계승자가 되었습니다. 그리고는 형의 보복이 두려워 외삼촌이 있는 하란으로 떠났습니다. 에서와 야곱이 태어나기 전부터 하나님의 정하신 뜻이 있었지만 이삭은 전통을 따라 자신이 사랑하는 장자에게 축복을 주고자 했고 리브가도 인간적인 방법과 속임수로 야곱에게 장자권을 주고자 했습니다. 야곱은 도망자의 신세가 되어 하란으로 가던 중에 벧엘에서 잠이 들었는데 꿈을 꾸는 중에 하나님을 만나게 되었습니다.

한 곳에 이르러는 해가 진지라 거기서 유숙하려고 그곳의 한 돌을 취하여 베개하고 거기 누워 자더니 꿈에 본즉 사닥다리가 땅 위에 섰는데 그 꼭대기가 하늘에 닿았고 또 본즉 하나님의 사자가 그 위에서 오르락 내리락하고 또 본즉 여호와께서 그 위에 서서 가라사대 나는 여호와니 너의 조부 아브라함의 하나님이

요 이삭의 하나님이라 너 누운 땅을 내가 너와 네 자손에게 주
리니 네 자손이 땅의 티끌 같이 되어서 동서 남북에 편만할찌며
땅의 모든 족속이 너와 네 자손을 인하여 복을 얻으리라 내가
너와 함께 있어 네가 어디로 가든지 너를 지키며 너를 이끌어
이 땅으로 돌아오게 할찌라 내가 네게 허락한 것을 다 이루기까
지 너를 떠나지 아니하리라 하신지라 (창28:11~15)

하나님께서는 벧엘에서 야곱을 만나주시면서 다시 고향으로
돌아오게 하실 것이라고 약속해 주셨습니다. 그러나 야곱은 그
약속을 온전히 믿지 못하여 살아 돌아오게만 해주시면 그곳에서
자신이 세운 돌로 주의 전을 삼고 십일조를 드리겠다고 서원했
습니다.

야곱이 아침에 일찌기 일어나 베개하였던 돌을 가져 기둥으로
세우고 그 위에 기름을 붓고 그곳 이름을 벧엘이라 하였더라 이
성의 본 이름은 루스더라 야곱이 서원하여 가로되 하나님이 나
와 함께 계시사 내가 가는 이 길에서 나를 지키시고 먹을 양식
과 입을 옷을 주사 나로 평안히 아비 집으로 돌아가게 하시오면
여호와께서 나의 하나님이 되실 것이요 내가 기둥으로 세운 이
돌이 하나님의 전이 될 것이요 하나님께서 내게 주신 모든 것

에서 십분 일을 내가 반드시 하나님께 드리겠나이다 하였더라
(창28:18~22)

이후에 야곱은 하란에서 20여 년 동안 살면서 삼촌의 딸들과 가정을 이루고 거부가 되었습니다. 그리고 고향으로 돌아가라는 하나님의 명령을 받고 하란을 떠나 고향으로 가게 되었습니다(창 31:3,13). 그러나 고향으로 돌아가기 위해서는 형 에서를 만나 깊은 감정의 골을 풀어야 했는데 형을 만난다는 것은 야곱에게 큰 두려움이었습니다. 야곱은 종들을 자기보다 앞서 보내어 에서의 반응을 살피고자 했습니다. 그리고 에서를 만나고 돌아온 종들은 에서가 400명의 사람들을 거느리고 오고 있다고 했습니다. 이에 야곱은 몹시 두려워 자기의 사람들을 두 그룹으로 나누고는 에서가 한 떼를 치면 나머지 한 떼는 도망할 수 있을 것이라고 계획을 세웠습니다. 그리고 형에게 보낼 선물을 준비했습니다. 암염소 200마리와 수염소 20마리, 암양 200마리와 수양 20마리, 젖짜는 낙타 30마리와 그 새끼들, 암소 40마리와 황소 10마리, 암나귀 20마리와 수나귀 10마리 등 짐승들을 여러 떼로 나누어 종들에게 맡기고 일정한 간격을 두어 형 에서를 만나게 하였습니다. 야곱은 이 선물들이 형의 감정을 누그러지게 하여 형을 만났을 때 형이 자기를 용서할 것이라고 생각했습니다. 그래서 야곱

은 선물을 먼저 보내고 그 날 밤을 천막에서 보냈습니다. 그리고 밤에 일어나 두 아내와 두 여종과 열 한 아들들은 얍복 나루를 건너게 했습니다. 모든 가족과 모든 소유를 얍복강 건너편으로 보내고 이제 자기만 홀로 남게 되었습니다. 그 때 어떤 사람이 와서 날이 새도록 야곱과 씨름을 하다가 자기가 야곱을 이길 수 없는 것을 알고 야곱의 엉덩이를 쳐서 야곱의 환도뼈가 위골되고 말았습니다. 그 사람은 "날이 새려하니 나를 가게 하라"고 하였지만 야곱은 "당신이 나에게 축복하지 않으면 당신을 놓아주지 않겠습니다"라고 매달렸습니다.

> 야곱은 홀로 남았더니 어떤 사람이 날이 새도록 야곱과 씨름하다가 그 사람이 자기가 야곱을 이기지 못함을 보고 야곱의 환도뼈를 치매 야곱의 환도뼈가 그 사람과 씨름할 때에 위골되었더라 그 사람이 가로되 날이 새려하니 나로 가게 하라 야곱이 가로되 당신이 내게 축복하지 아니하면 가게 하지 아니하겠나이다 그 사람이 그에게 이르되 네 이름이 무엇이냐 그가 가로되 야곱이니이다 그 사람이 가로되 네 이름을 다시는 야곱이라 부를 것이 아니요 이스라엘이라 부를 것이니 이는 네가 하나님과 사람으로 더불어 겨루어 이기었음이니라 (창32:24~28)

많은 사람들은 야곱이 하나님과 씨름하여 이겼기 때문에 축복을 받은 것이라고 말합니다. 그런데 성경을 깊이 있게 보면 그렇지 않습니다. 야곱은 이미 하란에서 많은 재물과 가족을 거느리게 되었고 고향으로 무사히 돌아가는 것도 이미 하나님께서 20년 전 벧엘에서 야곱에게 '내가 너와 함께 있어 네가 어디로 가든지 너를 지키며 너를 이끌어 이 땅으로 돌아오게 할찌라'고 약속한 것이었습니다. 그러나 야곱은 얍복강을 건너야 하는 순간까지 아직도 그 약속을 믿지 못하고 그 약속에 합당한 자가 되지 못했습니다. 하나님의 약속은 이 씨름의 결과와 상관없이 동일합니다. 하나님의 약속이 변한 것은 아무 것도 없습니다. 그러나 그 약속에 합한 자를 만드시기 위해서 하나님은 얍복강가에서 야곱과 씨름하실 수밖에 없었습니다. 이 씨름으로 야곱은 남은 평생 안고 가야 하는 장애를 얻었습니다. 강압적인 방법을 통해서 하나님은 야곱이 하나님을 의지하도록 만드신 후에 야곱의 이름을 이스라엘로 바꿔주셨습니다. 그 이름 속에는 하나님의 언약의 사람, 하나님을 의지하는 사람이 되게 해주시겠다는 뜻이 담겨 있습니다. 하나님께서 야곱의 이름을 물으신 것은 야곱의 이름을 몰라서 물으신 것이 아닙니다. 하나님은 "네 이름이 무엇이냐" 물으시며 야곱으로 자기 자신이 누구인지 돌아보게 하셨습니다. 야곱은 그 동안 발꿈치를 잡는 자, 속이는 자의 인생을 살아왔습니다. "내가 야곱입니다"라고 자신의 이름을 말하면서 그의 머릿속에는 자신의 방법과 꾀로 속고 속이며 살아 왔던 인생이 주마등처럼 스쳤을 것입니다. 그는 자신의 이름을 말하며 있는 그대로의 자신을 고백했습니다.

우리가 하나님의 약속을 따라가다 보면 얍복강가에 있는 야곱과 같이 하나님의 말씀은 가라고 하시는데 앞에는 많은 문제가 있을 때가 있습니다. 그럴 때 우리에게 보이는 방법은 그 자리에 주저앉거나 아니면 뒤로 돌아가는 것입니다. 그러나 우리가 기억해야 할 것은 하나님의 약속은 변하지 않는다는 사실입니다. 야곱도 에서를 만나면 죽을 것 같아 두려웠습니다. 그러나 그는 에서를 만나도 죽지 않았습니다. 하나님의 약속이 존재했기 때문입니다. 야곱은 하나님과 씨름하는 사건이 있기까지 상황과 처지를 바라보며 자신의 방법과 꾀로 처신하는 인생을 살았지만 씨름의 끝에서 자신의 연약함을 보게 되었습니다. 우리에게도 얍복강이라는 문제와 얍복강을 건넌 후 에서라는 더 큰 문제가 기다리고 있을 수 있습니다. 그러나 하나님의 약속이 있는 곳에는 반드시 길도 있습니다. 그것이 약속을 바라보는 신앙입니다.

야곱이 믿음이 있었다면 하나님과의 씨름이 필요 없었을 것입니다. 하나님의 약속을 믿음으로 고백하며 가야 할 길을 걸어

갔을 것입니다. 그러나 하나님을 의지하지 못했기에 결국 인간의 방법과 논리들을 앞세우게 되었습니다. 하나님의 약속을 잊었기 때문에 자신이 어떻게 살아갈 것인가에 대한 수많은 생각들로 머리가 복잡했습니다. 그런 상태로 하나님을 대면하는 것은 하나님과 싸워야 하는 것들을 가지고 하나님 앞에 서는 것입니다. 하나님은 약속하신 것들을 응답하시는 분이지 약속하신 것을 제쳐두고 새로운 것을 주시는 분이 아닙니다. 하나님께서는 우리가 기도할 때 우리에게 새로운 것을 주시는 것이 아니라 우리 안에 있는 불신의 요소를 제거해 주십니다. 우리 생각의 방향을 바꾸어 하나님을 향하여 갈 수 있도록 하십니다. 이 시대의 그리스도인들이 착각하는 것이 있습니다. '우리가 기도하면 하나님께서 무엇인가 새로운 것을 주시겠지'라고 생각합니다. 그러나 하나님은 이미 성경에 약속된 것, 예수 그리스도 안에서 허락된 것들을 주십니다.

야곱은 환도뼈가 위골되었습니다. 환도뼈는 골반과 무릎 사이에 뻗어 있는 뼈로 우리 몸에서 가장 길고 큰 뼈입니다. 에서가 사람들을 이끌고 자신을 칠지도 모르는 위기 상황 앞에서 자신의 힘으로 걸을 수 없는 상태가 된 것입니다. 기도하면 기도할수록 시련을 겪는다고 느껴진다면 그것은 하나님만을 의지하게 하시는 하나님의 방법일 것 입니다. 그렇기 때문에 시련이 온다고 포기하며 기도하지 않겠다고 등을 돌려서는 안 됩니다. 우리가 하나님의 계획대로 똑바로 가려고 하면 할수록 우리의 그릇된 생각이 드러나는 것은 당연한 것입니다. 그것이 제거되어야만 수월하게 그 길을 걸어갈 수 있습니다. 야곱도 그 밤이 지나면 얍복강을 건너야 했습니다. 그러나 그의 머리와 가슴에 자신이 세워놓은 방법과 계획이 가득 차서는 결코 그 강을 건널 수 없었습니다. 야곱은 얍복강 가에서 하나님과의 씨름을 통하여 환도뼈가 위골되었고 자신의 얄팍한 꾀를 버리고 스스로 하나님을 의지하지 않으면 안 되는 상황에 처하게 되었습니다. 이처럼 우리가 스스로 하나님을 의지하지 않는다면 하나님께서는 우리가 하나님만을 의지할 수밖에 없도록 몰아가실 것입니다. 하나님만을 의지할 때 하나님의 약속에 합당한 자가 되기 때문입니다. 야곱은 불신의 마음과 자신의 생각이 너무 많았기에 하나님과의 씨름으로 하나님께 매달릴 수밖에 없었습니다. 하나님은 야곱과 씨름해 주시면서 야곱의 환도뼈를 치셔서 야곱이 믿음 없는 생각들을 버리게 하셨습니다.

> 그 사람이 그에게 이르되 네 이름이 무엇이냐 그가 가로되 야곱이니이다 그 사람이 가로되 네 이름을 다시는 야곱이라 부를 것이 아니요 이스라엘이라 부를 것이니 이는 네가 하나님과 사람

으로 더불어 겨루어 이기었음이니라 야곱이 청하여 가로되 당신의 이름을 고하소서 그 사람이 가로되 어찌 내 이름을 묻느냐 하고 거기서 야곱에게 축복한지라 그러므로 야곱이 그곳 이름을 브니엘이라 하였으니 그가 이르기를 내가 하나님과 대면하여 보았으나 내 생명이 보전되었다 함이더라 그가 브니엘을 지날 때에 해가 돋았고 그 환도뼈로 인하여 절었더라

(창32:27~31)

야곱의 이름을 이스라엘로 바꿔 주신 하나님께서는 이름을 알기를 청하는 야곱에게 이름을 가르쳐 주시지 않고 축복하여 주셨습니다. 야곱은 그날 밤에 일어난 일들을 겪으면서 '하나님과 대면하여 보았으나 자신의 생명이 보전되었다'는 의미로 그곳 이름을 브니엘이라고 하였습니다. 그날 밤의 사건은 육신의 안목으로 보면 장애를 얻은 비극적인 사건이 일어난 날입니다. 그러나 영적인 안목에서 보면 하나님의 얼굴을 대면한 날입니다. 야곱은 하나님을 만났기에 자신의 환도뼈가 위골 된 것을 상처와 아픔으로 기억하지 않았습니다. 오히려 그곳의 이름을 '하나님의 얼굴'이라는 뜻의 브니엘이라고 명하면서 그곳을 축복으로 기억하였습니다. 우리에게도 고난과 역경들이 있습니다. 그 고난과 역경 속에서 자신의 연약함, 악함, 이기적인 모습을 본 사

람은 그 고난이 하나님의 은혜요 축복인 것을 고백합니다. 영적인 안목에서 보면 야곱은 언약의 성취를 향해 가고 있는 것이지만 육신적인 눈으로 보면 평생 안고 가야하는 장애와 불편함만 보입니다. 야곱은 하나님을 만났기에 그 땅을 브니엘로 기억하고 있습니다. 브니엘이라는 지명 속에는 하나님 앞에서 약속의 삶, 은혜의 삶을 살겠다는 고백이 담겨 있습니다. 야곱은 이스라엘로 그의 이름만 바뀐 것이 아니라 그의 생각과 마음과 삶 전체가 바뀌었습니다. 하나님을 의지하는 자가 되었고 하나님의 약속과 은혜를 위하여 사는 인생으로 바뀌었습니다.

하나님께서는 우리가 야곱의 씨름처럼 하나님께 매달리기를 원하십니다. 우리의 욕심을 고집스럽게 이루어 달라고 매달리는 것이 아니라 우리가 얼마나 하나님 앞에서 잘못된 생각과 방법이 있었는지 깨닫고 하나님께 매달려 그것들을 제거하기 원하십니다. 우리 스스로 점검하고 스스로 내려놓는다면 은혜가 될 것입니다. 그러나 우리 스스로 내려놓지 못한다면 하나님께서는 환도뼈를 치시는 아픔을 주서서라도 내려놓게 하실 것입니다. 오늘 우리가 하나님과 씨름하는 장소가 하나님의 얼굴을 뵈옵는 브니엘이 되어야 합니다. 하나님께서 우리의 이름을 물으실 때 우리의 욕심과 방법을 내려놓고 주님의 은혜가 아니고서는 살 수 없는 존재인 것을 고백한다면 하나님께서 약속하신 것을 힘든 씨름을 통해서 주시는 것이 아니라 예수 그리스도의 복음의 은혜로 허락하실 것입니다.

◇◇◇◇◇
함께 하는 기도

우리를 불러 이 자리까지 인도하신 하나님, 우리의 삶
은 하나님이 약속하시고 그 약속의 자리로 한 걸음씩
인도해 가시는 여정인 것을 믿습니다. 그러나 하나님,
지금 우리 앞에 얍복강과 같은 어려움이 있습니다. 그
문제 앞에서 야곱이 그랬던 것과 같이 우리도 우리의
방법과 꾀로 고민하고 있는 것을 용서하여 주옵소서.
하나님과 싸워야 할 수밖에 없는 불신의 사람이 된 것
을 용서하여 주옵소서. 하나님만을 바라볼 수 있기를
원합니다. 하나님만을 의지할 수 있기를 원합니다. 하
나님의 이름을 위하여 그 약속을 이루기 위한, 약속을
지키기 위한 삶을 살기 원합니다. 긍휼과 자비를 베푸
시되 우리의 이름과 우리의 삶을 변화시켜 주옵소서.
예수님의 이름으로 기도합니다. 아멘.

2

큰 역사를 이루시기 위해서 문제를 허락하시는 하나님의 본심

(사무엘상 1:9~11)

한나가 마음이 피로와서 여호와께 기도하고 통곡하며 서원하여 가로되
만군의 여호와여 만일 주의 여종의 고통을 돌아보시고 나를 생각하시고
주의 여종을 잊지 아니하사 아들을 주시면 내가 그의 평생에
그를 여호와께 드리고 삭도를 그 머리에 대지 아니하겠나이다

(삼상1:10,11)

사사시대에 에브라임 사람 엘가나에게는 한나와 브닌나라는
두 아내가 있었습니다. 브닌나는 자식이 있었고 한나는 자식이
없었는데 엘가나는 매년 실로에 올라가서 하나님께 경배하며 제
사를 드릴 때 한나에게는 제물의 분깃을 브닌나와 그 자녀들의
몫보다 갑절이나 더 주었습니다. 그 당시는 자식을 못 낳는 것이
하나님 앞에 저주를 받은 것이라고 여겨졌기에 아무리 남편에게

사랑을 받고 있다 해도 한나의 마음 한 구석에는 남편의 사랑으로는 해결되지 않는 갈급함이 자리 잡고 있었습니다. 그 마음이 곤고하고 괴로웠으나 남편이 주는 갑절의 은혜로 견디고자 했습니다. 그러나 남편이 잘 대해줄수록 브닌나의 업신여김과 괴롭힘이 더해졌고 이제는 더 이상 남편의 사랑으로는 해결되지 않는 상태가 되고 말았습니다. 참다못한 한나는 그 괴로움을 하나님께 해결 받고자 기도하러 갔습니다. 하나님은 우리가 하나님의 축복에 간절해지고 하나님의 은혜에 간절해지도록 몰아가십니다. 한나는 괴롭힘을 당하고 업신여김을 받는 자리까지 가서 간절해졌지만 그전에 스스로 엎드리고 기도했다면 브닌나로 인한 고통과 어려움은 겪지 않아도 되었을지 모릅니다. 이제 한나는 남편의 위로도 소용이 없었고 오직 하나님께서 자신이 당하는 고통을 돌아봐 주시기를 위해서 기도했습니다. 그리고 하나님께 서원으로 기도했습니다.

> 만군의 여호와여 만일 주의 여종의 고통을 돌아보시고 나를 생각하시고 주의 여종을 잊지 아니하사 아들을 주시면 내가 그의 평생에 그를 여호와께 드리고 삭도를 그 머리에 대지 아니하겠나이다 (삼상1:11)

한나의 기도는 자식을 구하는 것처럼 보이지만 그 기도는 자식에 욕심이 있어서 구하는 것이 아니라 한 인간이 하나님께 신원 받고 싶은 몸부림이라고 할 수 있습니다. 하나님으로부터 버림받은 기분, 저주받은 느낌을 지워버릴 만한 은혜를 원하는 간절함입니다. 한나의 기도는 자신의 목적한 바를 이루어 달라는 기도가 아니라 하나님 자체를 원하는 기도였습니다. 그리고 그러한 마음 위에 하나님께서 아들을 주시면 그의 평생에 그를 여호와께 드리고 삭도를 그 머리에 대지 않음으로 하나님의 나라와 역사를 위해서 온전히 드리겠다는 서원을 올렸습니다.

지금 이 시대의 그리스도인들을 보면 아무리 가난해도, 세상 사람들에게 업신여김과 무시를 당해도 하나님 앞에 울분을 토하지 않습니다. 하나님 앞에 신원해 달라고 간절히 기도하지 않습니다. 지난날의 한나가 남편이 주는 갑절의 은혜로 견디며 살았듯이 세상에서 조금이라도 먹고 살 수 있으면 간절해지지 않습니다. 우리의 주변에도 브닌나와 같은 사람들이 있습니다. 이들이 우리를 격동시키기 전에 스스로 하나님의 신원하심에 대한 간절함이 있다면 우리는 주변의 괴로움과 업신여김이 필요 없는 인생이 됩니다.

한나의 서원은 단순히 조건을 내세워 하나님과 거래하듯 자신이 원하는 것을 얻으려는 기도가 아니라 한 인간이 전능하신 하나님 앞에서 신원 받고 싶은 고백이었습니다. '하나님, 제가 무엇을 잘못해서 자식이 없을까요? 꼭 하나님께 저주 받은 것 같은 생각이 드는데 하나님 나를 신원해 주십시오'라는 몸부림이었습니다. 이런 한나의 처절한 몸부림을 통해 이스라엘 백성의 구원의 역사가 시작되었습니다. 자식이 없었던 한 여인이 자신이 신원 받고자 기도했지만 그 기도의 시작에서 이스라엘의 구원의 역사도 함께 시작되었습니다. 그리스도인은 이 세상에서 먹고 사는 것에 만족하는 삶이 되어서는 안 됩니다. 하나님의 신원하심, 하나님의 은혜, 하나님의 축복으로 호흡하고 살기를 소망해야 합니다. 그것이 멈추고서는 살 수 없다는 간절함이 있어야 합니다. 이와 같이 하나님께서는 우리에게 그냥 애매히 고난을 주시는 분이 아닙니다. 또한 하나님의 사람들이 개인적이고 주관적인 문제에 초점을 맞춰서 기도하지만 하나님께서는 그 개인의 문제를 들어서 하나님의 큰 역사를 이루어 가기도 하십니다.

함께 하는 기도

사랑의 하나님 감사합니다. 한나처럼 하나님의 신원하심을 구하기보다는 적당히 세상에서 먹고 살 수 있으면 만족했던 어리석음을 용서하여 주옵소서. 이제 하나님의 은혜로, 하나님의 축복으로 호흡하며 살아갈 수 있기를 원합니다. 하나님 우리를 신원하여 주옵소서. 우리가 걸어가는 길과 우리가 추구하는 모든 것들이 헛되지 않았음을 신원하여 주옵소서.

예수님의 이름으로 기도합니다. 아멘.

3

행동을 달아보시는
하나님의 본심
(사무엘상 2:1~11)

심히 교만한 말을 다시 하지 말것이며
오만한 말을 너희 입에서 버지 말찌어다
여호와는 지식의 하나님이시라
행동을 달아보시느니라 (삼상2:3)

한나는 기도했고 응답하시는 하나님을 만났습니다. 한나는 그 모든 과정을 겪으며 과거에 자신이 전능하신 하나님의 주권을 인정하지 않았기에 근심과 걱정과 염려가 있는 삶을 살았음을 깨닫게 되었을 것입니다. 한나도 한 때는 기도하는 모습이 흡사 술 취한 모습으로 보일 정도로 괴로운 마음이 가득한 사람이었지만 하나님을 경험한 후에는 하나님의 주권을 인정하는 삶을 살게 되었습니다.

이처럼 하나님을 경험한 사람의 기도에는 기쁨과 감격이 있습니다. 한나의 기도는 하나님을 인정하는 마음을 담고 있으며 다른 사람에게 하나님이 어떤 분이신지를 알려주고 있습니다. 이 기도는 통곡하며 소리죽여 하는 기도가 아니라 모든 사람이 듣도록 소리 높이는 기도입니다. 한나는 기도를 통해 하나님의 절대적인 구원을 고백하였고 가난하고 신실한 자에게 은총과 은혜를 베푸셔서 구원하시는 하나님의 구원의 섭리를 노래했습니다. 그리고 마지막으로 메시아를 대망하는 마음까지 표현했습니다.

> 내 마음이 여호와를 인하여 즐거워하며 내 뿔이 여호와를 인하여 높아졌으며 내 입이 내 원수들을 향하여 크게 열렸으니 이는 내가 주의 구원을 인하여 기뻐함이니이다 여호와와 같이 거룩하신 이가 없으시니 이는 주 밖에 다른 이가 없고 우리 하나님 같은 반석도 없으심이니이다 (삼상2:1,2)

여호와와 같이 거룩하신 이가 없다는 말은 하나님께서 하시는 모든 일들은 거룩하다는 고백입니다. 한나가 자식을 낳지 못하여 하나님의 영광을 경험하지 못했다면 할 수 없는 기도입니다. 마음으로는 자식을 주지 않는 하나님을 원망하면서 입술로는 하나님이 하시는 모든 일은 거룩하다고 할 수 없었을 것입니다. 아마도 '하나님이 하시는 일을 모르겠고 이해할 수도 없다. 내가 겪는 고통이 너무 힘들어 그냥 견딜 수 있는 은혜를 구할 뿐이다'라고 기도하며 사람들에게는 '나도 이렇게 살고 싶지 않지만 하나님이 자식을 주시지 않으니 어쩔 수 없다'고 이해를 구했을 것입니다. 그러나 한나는 기도하고 하나님을 경험한 후에 모든 일은 자신을 잘 되게 하시려는 하나님의 거룩하신 뜻이 있다는 것을 깨달았습니다. 그리고 더 이상 사람들에게 이해와 동정을 바라지 않는 사람이 되었습니다.

사람은 힘들면 누군가가 알아주길 바라는 마음이 생깁니다. 사람들의 위로나 공감은 잠시 우리에게 위로가 되지만 근본적인 해결을 가져다 주지 못하기에 인간적인 위로에는 갈급함이 더 생기고 사람들의 위로와 동정은 생명이 되지 못합니다. 그러나 하나님의 뜻을 깨달으면 비록 환경이 변하지 않아도 그것이 생명이 됩니다.

한나는 하나님을 경험한 후에 거룩하신 분은 하나님 밖에 없고 하나님 같은 반석도 없다고 기도했습니다. 그리고 다른 인생들에게 교만한 말을 하지 말고 오만한 말을 하지 말라고 권면했습니다.

심히 교만한 말을 다시 하지 말것이며 오만한 말을 너희 입에서
내지 말찌어다 여호와는 지식의 하나님이시라 행동을 달아보
시느니라 용사의 활은 꺾이고 넘어진 자는 힘으로 띠를 띠도다
(삼상2:3,4)

교만한 말은 하나님의 뜻을 알지 못하기에 자신이 보는 이
치와 자신이 보는 입장에서 하는 말입니다. 한나도 자기가 보는
것이 전부인 것처럼 기도했지만 그것이 전부가 아니었다는 것
을 깨달았습니다. 사람은 자신의 판단으로 생각하고 말하는 교
만과 오만을 행하지만 하나님은 그런 인간의 행동을 달아보시
는 분이십니다. 우리는 우리에게 어려운 일이 닥쳤을 때 원망하
기 쉽습니다. '하나님 어떻게 이럴 수 있습니까?' 라고 말하며 자
신이 보고 듣는 대로 자기 입장에서 이야기합니다. 그런데 한나
는 지식의 하나님께서 우리의 행동을 달아보신다고 기도하고
있습니다. 사람이 이해할 수 없는 상황을 겪으면서 믿음을 지켜
내는지 아니면 교만한 말과 오만한 말을 늘어놓는지 하나님께
서는 우리의 행동을 달아보신다는 것입니다. 우리의 입장에서
는 우리 앞에 닥친 환경이 위기지만 하나님의 입장에서는 우리
가 어떻게 행동하는지 지켜보시는 시간이 됩니다. 한나는 하나
님께서 행동을 달아보실 때 실로 성전에 올라가서 하나님의 마

음에 합한 기도를 했습니다. 엘리 제사장이 영적으로 무감각해져 술 취한 여인이라고 오해해도 마음을 지켰습니다. 하나님은 어떤 사람을 높여야 할지 어떤 사람을 낮춰야 할지 행동을 달아보시고 결정하시는 분입니다.

> 용사의 활은 꺾이고 넘어진 자는 힘으로 띠를 띠도다 유족하던 자들은 양식을 위하여 품을 팔고 주리던 자들은 다시 주리지 않도다 전에 잉태치 못하던 자는 일곱을 낳았고 많은 자녀를 둔 자는 쇠약하도다 여호와는 죽이기도 하시고 살리기도 하시며 음부에 내리게도 하시고 올리기도 하시는도다 여호와는 가난하게도 하시고 부하게도 하시며 낮추기도 하시고 높이기도 하시는도다 가난한 자를 진토에서 일으키시며 빈핍한 자를 거름더미에서 드사 귀족들과 함께 앉게 하시며 영광의 위를 차지하게 하시는도다 (삼상2:4~8)

한나는 이 모든 일을 통해 하나님은 자신과 같이 부족한 자를 사용하시는데 이것은 그를 통해서 하나님께서 드러나시기 위한 섭리가 있기 때문인 것을 깨달았습니다. 하나님은 세상의 부나 지식을 사용하지 않고 때로는 가난한 자, 무식한 자, 연약한 자를 들어 역사하시는데 그것은 그들을 통해서 하나님이 나타나게 하시려는 주의 뜻이 있습니다. 하나님께서는 행동을 달아보시며 하나님으로만 부요하고자 하는 자, 하나님으로 말미암아 가난하게 된 자, 그 은혜 때문에 항상 갈급함이 있는 자와 같이 신실한 자들 위에 세계를 맡기십니다. 한나도 한 때는 교만하고 오만한 말을 하던 사람이고 한 때는 원통해 하던 사람이었습니다. 그러나 '언젠가는 잘 되겠지'라는 막연한 바람으로 세월을 보내지 않았습니다. 하나님 앞에서 더 이상 이렇게 살 수 없다는 처절한 몸부림으로 기도하는 결단의 의지가 있었습니다. 그리고 메시아를 대망하는 기도를 통해 하나님을 신뢰하는 자, 하나님께서 축복하고자 하는 자의 영광을 노래했습니다.

> 여호와를 대적하는 자는 산산이 깨어질 것이라 하늘 우뢰로 그들을 치시리로다 여호와께서 땅 끝까지 심판을 베푸시고 자기 왕에게 힘을 주시며 자기의 기름 부음을 받은 자의 뿔을 높이시리로다 하니라 (삼상2:10)

진정한 신앙의 승리는 하나님의 기름부음입니다. 그 기름부음은 하나님께서 옳다고 인정해 주시는 것입니다. 이제 우리에게는 하나님을 경험해서 승리한 영광이 있어야 합니다. 그래서 당당한 기도, 기쁨의 기도, 확신의 기도, 승리의 기도를 해야 합니다. 사람들이 듣고 '아멘! 나도 이렇게 살면 안 되겠다'는 결단을 할 수 있도록 만들어야 합니다. 한나와 같이 자신의 경험과 신앙고백과 확신에 찬 기도를 한다면 기도하는 사람도 다시 힘이 나고 듣는 사람도 신앙의 결단을 할 수 있는 기회가 될 것입니다.

성경은 한나의 기도를 맺으며 '엘가나는 라마의 자기 집으로 돌아가고 그 아이는 제사장 엘리 앞에서 여호와를 섬기니라(삼상 2:11)'고 마무리하며 하나님과의 약속을 지키는 한나의 신실함을 기록하였습니다. 승리한 한나의 기도는 우리의 기도가 되어야 합니다. 승리의 기도는 믿지 않는 사람에게는 등불이 되고, 의심하고 불신하는 자들에게는 증거가 될 것입니다.

함께 하는 기도

사랑의 하나님, 이제까지는 슬픔과 애환과 원망에 찬 기도를 하고 살았습니다. 하나님의 뜻은 알려고 하지 않은 채 내 입장에서 교만한 말과 오만한 말을 했습니다. 용서하여 주옵소서. 이제부터는 승리의 기도를 하기 원합니다. 확신의 기도를 하기 원합니다. 하나님, 우리로 승리할 수 있는 은혜를 주옵소서.

예수님의 이름으로 기도합니다. 아멘.

4

간구하게 하시는
하나님의 본심

(에스겔 36:16~38)

나 주 여호와가 말하노라
그래도 이스라엘 족속이 이와 같이 자기들에게 이루어 주기를
내게 구하여야 할찌라 (겔36:37)

 하나님께서는 아브라함으로부터 시작하여 이삭과 야곱, 그
리고 야곱의 열두 명의 아들로 이어지는 아브라함의 후손으로
이스라엘 민족을 이루게 하셨고 이스라엘이라는 왕국이 건설되
게 하셨습니다. 이스라엘 왕국은 다윗 왕 시대에 주변국들과의
전쟁을 통해 국경을 넓혔고 다윗의 뒤를 이은 솔로몬 왕 시대에
는 큰 번영을 누렸습니다. 그러나 솔로몬 왕이 죽은 뒤에 왕국이
북이스라엘과 남유다로 갈라지게 되면서 북이스라엘은 BC722
년 앗수르(아시리아)에 의해, 남유다는 BC586년 바벨론(바빌로니아)에

의해 멸망당했습니다. 이때 남유다의 백성들은 바벨론에 포로로 끌려가는 아픔을 겪었습니다.

에스겔은 바벨론의 2차 침공으로 유다 왕국의 왕과 귀족 1만 여명이 바벨론에 포로로 끌려갔을 때 함께 끌려 간 포로 중 한 사람입니다. 그는 포로생활 중에 선지자로 부름을 받아 사역하다가 바벨론에서 생을 마감했습니다.

유다 왕국이 멸망하기 전에 유다 백성들은 자신들이 하나님의 선민이기 때문에 결코 이방인들에게 멸망당하지 않을 것이라고 생각했습니다. 그리고 하나님의 성전이 있는 예루살렘도 이방나라의 말발굽에 짓밟힐 것이라고는 생각조차 하지 못했습니다. 그들은 세상의 수많은 민족 중에서 유일하게 하나님께 택함을 받았지만 하나님 앞에 범죄하고 돌이키지 않아 나라가 망하고 이방 나라에 포로로 끌려가는 수치와 아픔을 겪었습니다. 에스겔은 이런 시대에 하나님께 선지자로 부르심을 받았습니다. 에스겔은 예루살렘이 멸망하기 전에는 예루살렘이 멸망할 것이라는 메시지를 전하다가 예루살렘이 멸망한 후에는 예루살렘의 회복에 대한 메시지를 전하며 구원과 하나님 나라의 도래에 대한 위로와 소망의 말씀을 선포했습니다.

에스겔은 에스겔서 36장에 이르러서 황폐된 이스라엘 땅이 회복될 것과 이스라엘 백성의 선민의 자격이 회복될 것을 선포

했습니다. 하나님께서는 에스겔을 통하여 이스라엘이 처한 비참한 상황에 대한 원인이 이스라엘의 죄 때문이며 그 결과 하나님의 거룩한 이름이 열국에서 더러워졌다고 말씀하셨습니다. 그리고 열국에서 더럽혀진 그 하나님의 거룩한 이름을 위해서 이스라엘에 회복을 주실 것인데 영적인 축복뿐 아니라 물질적인 축복까지 주실 것이라고 말씀하셨습니다(겔36:16~38). 그런데 하나님은 회복을 말씀하시면서 비록 하나님께서 놀라운 계획이 있다고 할지라도 이스라엘 백성은 그와 같이 자기들에게 이루어 주시기를 하나님께 간구해야 한다고 하셨습니다(겔36:37).

하나님은 놀라운 계획을 가지고 일하시며 작정하신 일은 반드시 이루시는 분입니다. 전지전능하신 하나님은 누구의 도움도 필요 없으신 분이며 완전하시고 실수가 없으신 분이십니다. 그럼에도 불구하고 하나님께서는 하나님의 백성이 하나님께서 계획하신 것을 이루어 주시기를 간구해야 한다고 말씀하고 있습니다. 만약 이스라엘 백성들이 간구하지 않고 이스라엘이 회복되었다면 자신이 하나님 앞에서 무언가 잘 해서, 의롭기 때문에 회복되었다고 오해했을 것입니다. 그렇기 때문에 하나님께서는 회복해 주시는 이유를 분명히 하셨습니다.

그러나 이스라엘 족속이 들어간 그 여러 나라에서 더럽힌 내 거
룩한 이름을 내가 아꼈노라 그러므로 너는 이스라엘 족속에게
이르기를 주 여호와께서 이같이 말씀하시기를 이스라엘 족속
아 내가 이렇게 행함은 너희를 위함이 아니요 너희가 들어간 그
여러 나라에서 더럽힌 나의 거룩한 이름을 위함이라

(겔36:21, 22)

　　하나님께서는 이스라엘에게 회복을 허락하신 이유를 분명히
알게 하시고 회복된 이후에 교만해지지 않도록 하셨습니다. 이
스라엘 백성은 세계 열방 중에 하나님이 누구신지 나타내 이방
인들이 하나님께로 돌아오게 하는 제사장과 같은 역할을 가지고
있던 민족입니다. 그러나 이들은 우상을 섬기고 하나님 앞에 죄
를 지어 열방 중에서 하나님의 이름을 더럽혔고 그로 말미암아
세상 사람들로 하여금 하나님을 오해하고 부인하도록 만들었습
니다. 그래서 하나님은 이스라엘의 회복을 통해서 스스로 어떤
분이신지 나타내고자 하셨으며 이스라엘 민족에게 그것이 이루
어지기를 위해서 기도하라고 하셨습니다. 이스라엘 백성은 하나
님의 거룩하신 이름을 위하여 이스라엘을 회복시켜 달라고 기도
하면서 자신들이 선민의 백성으로서 하나님 앞에서 범죄한 것을
인정했을 것입니다. 또한 비록 죄를 범했을지라도 하나님은 이

스라엘과 함께 하신다는 것을 깨닫고 소망을 삼았을 것입니다. 그리고 이스라엘이 회복되어져 가는 과정 속에서 그 모든 상황과 환경 가운데 친히 일하고 계시는 하나님을 인지할 수 있었을 것입니다.

이처럼 하나님께서는 하나님의 계획이 있더라도 그냥 이루어 주시는 것이 아니라 하나님의 백성의 간구와 하나님의 화답이라는 과정을 통해서 이루어 주십니다.

이스라엘 백성은 하나님께서 계획하신 이스라엘의 회복을 위해 기도하면서 하나님과 하나님의 백성이라는 관계 속에서 자신이 누구인지 자신의 정체성을 찾아갔을 것입니다. 그리고 이스라엘이 타락한 이유가 그 정체성을 망각했기 때문이라는 것도 깨달았을 것입니다. 성도는 내가 누구이고 무엇을 위해 존재해야 하는지 그 정체성을 세상에서부터 찾고자 할 때 타락할 수밖에 없고 결국에는 하나님을 떠나게 됩니다. 하나님을 떠난다는 것은 하나님께로부터 주어지는 축복이 단절되는 것을 의미합니다. 그렇기 때문에 하나님께서는 그냥 주실 수 있음에도 하나님의 백성들에게 당신의 계획을 알리시고 그것이 이루어지도록 기도하게 하심으로 하나님 앞에서 자신이 누구인지 정체성을 찾게 하시며 하나님께로부터 주어지는 축복을 회복하게 하십니다.

이스라엘 백성은 바사(페르시아)의 고레스 왕 때 70년의 포로생활을 마감하고 예루살렘으로 귀환하여 성전을 재건하고 느헤미야와 에스라가 이끌었던 종교개혁으로 새 이스라엘의 부흥을 꾀했습니다. 이것은 모두 하나님께서 계획하시고 이스라엘 백성으로 기도하게 하신 것을 이루신 것입니다. 이처럼 이스라엘의 회복은 이스라엘 백성이 무엇인가 은혜를 받을 만한 자격이 있었기 때문이 아니라 오직 하나님께서 하나님의 거룩하신 이름을 온 세계 열방에 나타내기 위한 뜻이 있었습니다. 오늘 하나님께서 우리에게 기도하라 하신 것이 있다면 그것은 하나님의 거룩하신 이름을 위하여 하나님께서 친히 일하실 것이라는 의미입니다. 또한 하나님이 누구이신 줄 알며 하나님 앞에서 우리의 정체성을 일깨워 주시기 위한 것을 잊지 말아야 할 것입니다.

하나님, 우리는 하나님의 거룩한 성도로서 온 세계 열
방에 하나님을 나타내야 하는 삶을 살아야 함에도 세
상에서 우리의 정체성을 찾는 어리석은 삶을 살았습
니다. 용서하여 주옵소서. 하나님께서 하나님의 이름
을 위하여 계획하신 일이 이루어지도록 기도할 수 있
는 믿음을 주시고 그 기도 속에서 우리가 하나님 앞에
서 누구이며 어떻게 이 세상을 살아야 하는지 깨닫게
하여 주옵소서. 또한 우리가 자격이 있어서 하나님의
계획대로 은혜를 베푸시는 것이 아니라 우리가 더럽
혔던 하나님의 거룩한 이름을 위하여 하나님께서 친
히 일하시는 것을 깨달았사오니 회복의 은혜가 임하
는 날에 교만하여 범죄 하는 자리에 있지 않게 하옵소
서. 오직 하나님의 거룩하신 이름이 온 세계 열방에
나타나는 것으로 감사하게 하옵소서.
예수님의 이름으로 기도합니다. 아멘.

5

간구하는 심령을 주시는 하나님

(스가랴 12:10~14)

내가 다윗의 집과 예루살렘 거민에게 은총과 간구하는 심령을
부어 주리니 그들이 그 찌른바 그를 바라보고
그를 위하여 애통하기를 독자를 위하여 애통하듯 하며
그를 위하여 통곡하기를 장자를 위하여 통곡하듯 하리로다 (슥12:10)

하나님의 궁극적인 섭리는 하나님께서 택하신 백성들의 승리입니다. 그리고 그 승리는 하나님의 전적인 도우심으로만 가능합니다. 성경은 하나님께서 택하신 위대한 사람들을 소개하면서 그들의 연약함과 허물까지 거침없이 증거 하고 있습니다. 믿음의 조상 아브라함이 자신의 부인을 누이라고 속인 사건과 모세가 사람을 죽인 사건, 다윗이 다른 사람의 부인을 빼앗은 사건

등 성경은 아무리 하나님께서 택하셨다 하더라도 그들의 연약함을 감추지 않습니다. 이것은 그들이 많은 허물이 있었지만 결국에는 하나님의 도우심으로 승리하게 하신 것을 증거 하기 위함입니다. 하나님께서 돕고자 하실 때는 상대적으로 인간의 부족함과 연약함이 많이 드러납니다. 이처럼 성도는 우리가 지혜롭고 능력이 있어서 승리하는 것이 아니라 하나님의 도우심으로 승리하는 것입니다. 자신의 연약함이 드러날 때 죄책감에 휩싸여 뒷걸음질 칠 것이 아니라 스스로 하나님 앞에 엎드려서 자신의 연약함을 고백하며 회개한다면 하나님께서 도우시는 은혜로 함께 하실 것입니다.

스가랴 선지자는 하나님께서 택한 백성들의 궁극적인 승리를 소개하면서 성도가 승리하기 위해서는 회개가 꼭 필요하다고 말하고 있습니다. 진심으로 용서를 구하고 회개할 때 그것이 승리를 위한 만능열쇠가 된다는 것입니다. 그러나 그 회개도 하나님께서 우리에게 성령을 주셔서 하나님 앞에서 간구하게 하시고 애통하는 마음을 갖게 해주셔야 가능합니다. 주변에서 아무리 착하고 겸손한 마음을 가지라고 해도 자기 마음대로 안 되는 것이 사람의 마음입니다. 그런데 이런 마음이 움직일 수 있도록 도와주시는 분이 바로 성령이십니다.

내가 다윗의 집과 예루살렘 거민에게 은총과 간구하는 심령을
부어 주리니 그들이 그 찌른바 그를 바라보고 그를 위하여 애통
하기를 독자를 위하여 애통하듯 하며 그를 위하여 통곡하기를
장자를 위하여 통곡하듯 하리로다 (슥12:10)

하나님께서 은총과 간구하는 심령을 주시겠다고 하셨는데
은총이라고 하면 예수 그리스도께서 십자가에 못 박혀 죽으심으
로 우리에게 용서 받을 길을 열어 주신 것입니다. 그리고 성령을
주셔서 하나님 앞에 간구할 수 있는 마음을 부어 주신다고 하셨
습니다. 성령으로 하나님께 간구하는 심령을 주신 사람은 사단
의 유혹을 거절하고 고집스러운 마음도 꺾을 수 있는 기도를 할
수 있습니다. 그러나 자기 욕심에 빠져서 기도하는 사람은 성령
의 간구가 아니라 인간의 욕심을 채우기 위한 기도를 합니다. 또
자신의 의지로 기도하는 사람은 인간의 의지라는 한계에서 보
기 때문에 자신이 할 수 있는 범위의 것만 기도합니다. 그러나 예
수 그리스도께서 십자가에서 못 박혀 죽으심으로 우리에게 성령
을 선물로 주셨습니다. 성령께서는 마땅히 구해야 할 것을 구하
게 하십니다. 우리 내면에 진리의 등불을 밝히셔서 성도로서 진
정 구해야 할 것을 구하게 하십니다. 성령은 우리의 마음을 잘 아
시는 분입니다. 우리가 무엇이 필요한지 너무나 잘 알고 계십니

다. 그리고 하나님 아버지의 마음도 잘 알고 계십니다. 그렇기에 정말 우리에게 꼭 필요한 것을 간절히 구하게 하시기 위해서 애절한 자리까지 몰아가시기도 합니다. 내일 당장 어떤 일이 있을지 아무도 모릅니다. 그러나 모든 것을 아시는 성령께서는 내일의 일을 준비시키시기 위해서 기도하고 간구하는 마음을 주십니다. 그것이 하나님의 본심이고 의도입니다.

> 그 날에 예루살렘에 큰 애통이 있으리니 므깃도 골짜기 하다드 림몬에 있던 애통과 같을 것이라 (슥12:11)

유다의 요시야 왕은 8세에 왕이 되었지만 역대 임금 중에서 훌륭한 왕으로 기록되어 있습니다. 앗시리아와 정치적, 종교적 관계를 단절하고 성전을 수리하였으며 성전 수리 중 발견한 율법서를 중심으로 신앙 개혁을 추진한 왕이었습니다. 대대적인 종교 개혁을 일으켜 우상을 멸하고 유월절 절기를 회복했던 왕입니다. 열왕기하 23장 25절에는 요시야 왕을 가리켜 '요시야와 같이 마음을 다하며 성품을 다하며 힘을 다하여 여호와를 향하여 모세의 모든 율법을 온전히 준행한 임금은 요시야 전에도 없었고 후에도 그와 같은 자가 없었더라'라고 평가하고 있습니다. 반앗시리아 정책을 폈던 요시야 왕은 앗시리아와 동맹을 맺은 애굽과의 전투에 참전하여 싸우다가 므깃도에서 전사하였습니다(왕하 23:29~30). 유다의 성군이었던 요시야 왕이 전사하자 유대 백성들은 그의 죽음을 크게 애도했습니다. 스가랴 12장 11절에서 애통한다고 하였는데 요시야 왕이 므깃도 골짜기에서 전사했을 때 백성들이 애통한 것에 비유된 것입니다. 이런 마음은 인간 스스로 가질 수 있는 것이 아니라 성령으로 말미암아 가능합니다.

그러나 신앙이 병들고 영혼이 병든 사람은 슬픈 일에도 슬퍼할 줄 모릅니다. 세상과 비교하여 자신이 무엇인가 소유하지 못한 것 때문에 슬퍼하고 애통한 마음이 들 뿐입니다. 그러나 하나님 앞에서 깨어 있는 사람은 상대방의 작은 아픔도 자신의 아픔으로 느낍니다. 모세는 자신의 삶 때문에 슬퍼하거나 괴로워하지 않았습니다. 오직 이스라엘의 슬픔이 모세의 슬픔이었고 하나님의 아파하심이 모세의 아픔이었습니다. 바울도 마찬가지입니다. 자신의 가난함 때문에 울지 않았습니다. 예수를 모르는 영혼들 때문에 울었습니다. 성령께서 우리의 심령에 오시면 간구와 애통의 심령을 주시는데 자기 자신의 고통을 넘어서 하나님의 나라와 의를 위한 간구와 애통의 심령입니다. 이처럼 스가랴 선지자는 택한 백성들의 진정한 회개만이 하나님의 도우심으로 승리하게 한다고 승리의 원리를 말하고 있습니다.

사람이 할 수 있는 회개는 자신이 보기에 자기 손에 무엇인가 더러운 것이 묻어 양심에 가책을 느껴 씻는 것과 같지만 성령께서 우리의 더러운 죄악을 깨닫게 하시는 것은 하나님의 인자하신 사랑을 보게 하는 것입니다. 그 사랑 앞에서 우리의 부족함과 더러움이 드러나기에 너무 송구하고 할 말이 없게 되는 것입니다. 하나님의 놀라우신 사랑 앞에서 계산적으로 욕심을 부리고 잔꾀를 부렸던 것이 드러나 아무 할 말이 없게 되는 것입니다. 오직 그 앞에 엎드려 하나님 앞에서는 먼지와 같은 존재임을 고백하게 되는 것입니다.

지금도 성령의 음성에 귀를 기울이는 사람에게는 성령께서 무엇을 위해 간구하게 하시는지 깨닫게 하십니다. 기도하고자 해도 기도가 되지 않는다면 하나님의 뜻은 모른 채 내가 원하는 것만 구하고 있기 때문입니다. 그러나 하나님 아버지께서는 이미 내게 있어야 할 것이 무엇인지 알고 계신다고 하였습니다(마 6:8,32). 그렇기 때문에 하나님께서 우리에게 구하게 하시는 것이 무엇인지 헤아려 그 성령의 은혜로 진정한 회개를 해야 합니다. 하나님의 도우심이 우리와 함께 하실 것이고 어제의 실패가 오늘의 승리와 영광으로 함께 할 것입니다.

함께 하는 기도

하나님, 우리는 하나님의 도우심으로 승리하게 되는 줄 믿습니다. 그리고 하나님의 도우심은 지금도 진심으로 회개하는 자들에게 역사하시는 은혜인 줄 믿습니다. 그러나 이 진실한 회개는 사람의 힘으로 되는 것이 아니라 성령의 도우심과 애통하게 하심으로 되는 일인 줄 믿습니다. 하나님, 성령의 도움을 간구하게 하시고 성령의 감동을 따라 구하고 찾고 두드리게 하여 주옵소서. 또한 성령의 감동을 따라 작은 일에도 그 의미를 되새겨 감사하게 하시고 하나님께서 아파하시는 일에 우리도 슬퍼할 수 있는 마음이 되게 하옵소서. 성령께서 우리의 삶 가운데 함께 하사 주님의 크신 위로와 은총이 함께 하는 은혜만 있게 하옵소서. 예수님의 이름으로 기도합니다. 아멘.

6

구하라, 찾으라, 두드리라

(마태복음 7:1~12)

구하라 그러면 너희에게 주실 것이요
찾으라 그러면 찾을 것이요 문을
두드리라 그러면 너희에게 열릴 것이니
구하는 이마다 얻을 것이요 찾는 이가 찾을 것이요
두드리는 이에게 열릴 것이니라 (마7:7~8)

세례 요한에게 세례를 받고 공생애(公生涯)를 시작하신 예수님
은 갈릴리에 두루 다니시며 회당에서 가르치시고 복음을 전하셨
습니다. 사람들의 모든 병을 고치시고 악한 영에 사로잡힌 자들
을 자유케 하셨습니다. 예수님의 소문은 곧 온 수리아에 퍼졌습
니다. 예수님을 만난다는 것은 병이 치유되고 문제가 해결된다
는 의미였기에 문제와 어려움으로 고통 받던 사람들은 예수님을

찾아다니며 만나고자 했습니다. 자신뿐만 아니라 각종 병에 걸린 자들, 고통 중에 있는 자들, 귀신 들린 자들, 간질 하는 자들, 중풍병자들을 예수님께 데리고 왔습니다. 성경은 갈릴리와 데가볼리와 예루살렘과 유대와 요단강 건너편에서 허다한 무리가 예수님을 좇았다고 말하고 있습니다(마4:23~25). 어제까지 병마와 싸울 힘도 없었던 사람이 예수님을 만나고 건강을 회복했고, 악한 귀신에 사로잡혀 고통 받던 사람이 예수님을 만나고 온전하게 되었으며, 인생의 문제로 허덕였던 사람이 예수님을 만나고 새롭게 되었습니다. 예수님께서는 따르는 무리를 보시고 산에 올라가 앉으셨습니다. 그리고 그들을 가르치시기 시작하셨습니다. 모여든 무리들이 원하는 것은 예수님께서 기적을 행하셔서 어떻게든지 자신의 병이 낫고 문제가 해결되는 것이었겠지만 예수님은 산상수훈의 말씀으로 가르치기 시작하셨습니다.

인생의 문제는 우리가 보기에는 어느 날 갑자기 찾아온 것처럼 보여도 우리의 잘못된 가치관과 잘못된 논리, 잘못된 습관 등이 차곡차곡 쌓인 결과일 때가 많습니다. 그래서 예수님은 사람들 속에 있는 잘못된 생각과 사고방식을 수정해 주시고자 산상수훈의 말씀으로 가르치셨습니다. '너희들의 문제는 그냥 생긴 것이 아니다. 너희의 잘못된 생각, 잘못된 논리의 결과로 나온 것이다. 그렇기 때문에 너희의 생각을 수정해라. 생각이나, 마음이

나, 이념이나 잘못된 것이 있다면 그것을 수정해야지만 너희 문제가 해결될 수 있다'는 바람이 예수님의 산상수훈의 말씀 뒤에 감춰진 마음이었을 것입니다. 마태복음 5장에서 시작된 예수님의 가르침은 7장에 이르러 비판을 받지 아니하려거든 비판하지 말라는 말씀과 어찌하여 형제의 눈 속에 있는 티는 보고 네 눈 속에 있는 들보는 깨닫지 못하느냐는 말씀으로 이어졌습니다. 그리고 모인 무리에게 구하고, 찾고, 두드리라고 말씀하신 후에 무엇에든지 남에게 대접을 받고자 하는 대로 너희도 남을 대접해야 할 것인데 이것이 곧 율법과 선지자들의 가르침이라고 말씀하셨습니다.

> 비판을 받지 아니하려거든 비판하지 말라 너희가 비판하는 그 비판으로 너희가 비판을 받을 것이요 너희가 헤아리는 그 헤아림으로 너희가 헤아림을 받을 것이니라 어찌하여 형제의 눈 속에 있는 티는 보고 네 눈 속에 있는 들보는 깨닫지 못하느냐 보라 네 눈 속에 들보가 있는데 어찌하여 형제에게 말하기를 나로 네 눈 속에 있는 티를 빼게 하라 하겠느냐 외식하는 자여 먼저 네 눈 속에서 들보를 빼어라 그 후에야 밝히 보고 형제의 눈 속에서 티를 빼리라 거룩한 것을 개에게 주지 말며 너희 진주를 돼지 앞에 던지지 말라 그들이 그것을 발로 밟고 돌이켜 너희를

찢어 상하게 할까 염려하라 구하라 그리하면 너희에게 주실 것이요 찾으라 그리하면 찾아낼 것이요 문을 두드리라 그리하면 너희에게 열릴 것이니 구하는 이마다 받을 것이요 찾는 이는 찾아낼 것이요 두드리는 이에게는 열릴 것이니라 너희 중에 누가 아들이 떡을 달라 하는데 돌을 주며 생선을 달라 하는데 뱀을 줄 사람이 있겠느냐 너희가 악한 자라도 좋은 것으로 자식에게 줄 줄 알거든 하물며 하늘에 계신 너희 아버지께서 구하는 자에게 좋은 것으로 주시지 않겠느냐 그러므로 무엇이든지 남에게 대접을 받고자 하는 대로 너희도 남을 대접하라 이것이 율법이요 선지자니라 (마7:1~12)

그런데 이 말씀을 다시 읽어 보면 문맥이 자연스럽지 않은 것 같이 느껴집니다. 남을 비판하지 말라고 하는 말씀과 남에게 대접을 받고자 하는 대로 남을 대접하라는 말씀 사이에 뜬금없이 구하고 찾고 두드리라고 하셨기 때문입니다. 구하고 찾고 두드리라는 말씀을 빼면 오히려 더 문맥이 매끄럽게 느껴집니다. 그렇다면 예수님께서 말씀하시고자 하셨던 하나의 공통된 주제는 무엇일까요? 그것은 바로 관계성입니다. 비판에 관한 것도 사람 사이의 관계에 대한 말씀이고 대접하는 것도 사람 사이의 관계를 중심으로 합니다. 그리고 구하고 찾고 두드리라는 말씀은 하나님 아버지와의 관계에 대한 말씀입니다. 예수님께서는 무리를 향해서 너희 중에 자기 아들이 빵을 달라고 하는데 돌을 주며 생선을 달라고 하는데 뱀을 줄 사람이 있겠느냐고 말씀하시며 악한 사람이라도 자기 자녀에게는 좋은 선물을 줄줄 아는데 하물며 하늘에 계신 너희 아버지께서 구하는 자에게 더 좋은 것을 주시지 않겠느냐고 말씀하셨습니다(마7:9~11).

우리는 하나님이 우리에게 가장 좋은 것을 주시고자 하는 우리의 아버지가 되신다는 사실을 인정하지 못하기에 어려운 일을 겪을 때 하나님을 향한 믿음을 잃고 맙니다. 만약 하나님께서 정말 우리에게 가장 좋은 것을 주시는 우리의 아버지라면 우리 앞에 있는 모든 일들은 아버지가 자녀를 사랑하는 마음으로 가장 좋은 것을 주신 결과일 것입니다. 우리에게 가장 고통스럽게 느껴지는 문제일지라도 우리의 잘못된 생각을 수정해 주시기 위해서 우리에게 가장 적합하고 타당한 것을 잠시 허락하셨다는 말입니다. 잘못해도 무조건 감싸주는 사랑을 기대하는 사람에게는 참 받아들이기 어렵고 수긍하기 힘든 말입니다. 그러나 우리가 우리 자녀들에게 어떤 마음으로 대하고 있는지 생각해 보면 조금이나마 하나님의 마음을 알 수 있습니다. 아무리 말을 듣지 않고 부모 속을 썩여도 부모는 자녀가 잘 되기를 위해 눈물로 기도합니다. 부모의 기대에 미치지 못하고 반항하는 자녀일지라도 더 좋은 것으로 먹이고 싶고 더 좋은 환경을 주고 싶은 것이 부모의 마음입니다. 어긋나지 않고 바르게 자라기를 바라는 마음에서 때로는 훈계하고 매도 드는 것이 부모입니다. 이 모든 것은 자녀가 잘 되기를 바라는 진심어린 사랑이 밑바탕으로 깔려 있습니다. 하나님께서는 우리의 영혼이 잘 되기를 바라는 마음으로 일하고 계십니다(요삼1:2). 그 사랑을 신뢰하며 우리를 둘러싼 환경을 바라본다면 우리가 겪고 있는 문제는 우리의 잘못된 생각을 수정해 주기에 가장 적합한 것으로 하나님께서 일시적으로 허락하신 것입니다. 그렇기 때문에 우리는 문제해결 자체를 위해 간구하기 전에 하나님 아버지께서 나를 향해 가지고 계신 뜻이 무엇인지 알려 달라고 구해야 합니다.

우리에게 일어나는 일들을 우리가 다 수긍할 수 있고 이해할 수 있다면 구태여 수고스럽게 하나님의 뜻을 알기 위해 기도할 필요가 없습니다. 그러나 내가 겪는 문제가 수긍하기 힘들고 받아들이기 어렵다면 하나님 아버지께서 나를 향하신 하나님의 뜻이 무엇인지 묻기를 원하신다는 신호입니다. 하나님은 우리 안에 자리 잡고 있는 잘못된 생각이나 잘못 내려놓은 답들을 수정하기 원하십니다. 왜냐하면 그 잘못된 생각과 공식, 가치관들이 섞여 하나님과 멀어지는 결과를 낳기 때문입니다. 1 더하기 1은 3이라는 잘못된 공식을 가지고 있는 사람은 그 문제를 만날 때마다 실패하고 고생할 수밖에 없습니다. 하나님께서는 우리가 가지고 있는 잘못된 공식을 수정하여 더 이상 실패를 겪지 않게 하기 위해서 인생을 인도하십니다. 우리가 겪고 있는 일들을 통해서 나를 바꾸시고자 하시는 하나님의 뜻이 과연 무엇인지 돌아보면 내 생각 하나가 바뀌었을 뿐인데 세상이 달라져 보일 것입니다. 그러나 내가 보는 것이 전부라고 고집한다면 그 잘못된 생각 때문에 평생을 고생스럽게 살 것이며 편견을 가지고 하나님의 뜻을 오해하고 있기에 진실과 진심을 제대로 볼 수 없을 것입니다. 누가 얘기해 주지 않아서 깨닫지 못하는 것이 아니라 내 생각이 잘못되어 있으면 진심은 보이지 않는 법입니다.

우리 인생에 찾아온 문제의 해결은 의외로 간단합니다. 우리 자신을 돌아보고 잘못된 마음과 생각을 수정하여 더 이상 그 문제가 필요가 없는 사람이 되는 것입니다. 우리가 겪고 있는 일들을 하나님의 사랑이라는 관점으로 바라보기 시작한다면 하나님께서 우리를 향한 마음이 정말 무엇인지 알려 달라고 구하고 찾고 두드리게 될 것입니다. 그리고 돈을 구하고 집을 구하고 차를 구하던 신앙의 어린아이와 같은 막연한 기도가 아니라 진정 무엇을, 왜 해야 할지 알고 구하게 될 것입니다. 내게 필요한 것의 이유를 알기에 하나님 앞에서 당당하게 구할 수 있고 그것을 얻기 위해 두드릴 수 있습니다.

이스라엘 백성이 출애굽하여 홍해 앞에 섰을 때 이제 곧 뒤쫓아 오는 애굽 군대에게 죽임을 당하게 되는 진퇴양난의 상황에 처하게 되었습니다. 이스라엘 백성이 홍해를 건너야만 된다는 것은 모두가 아는 사실이었지만 그 '앎' 자체로는 그들의 삶이 바뀌지 않았습니다. 두드리는 것은 하나님의 주권을 인정하는 겸손의 자세를 가질 때 가능합니다. 하나님께서는 이스라엘 백성 뒤에서 애굽의 군대가 쫓아 올 것도 아셨고 백성들 앞에 홍해가 펼쳐질 것도 아셨습니다. 그럼에도 하나님께서는 그 길로 이스라엘 백성을 인도하셨습니다. 이스라엘 백성도 모세도 홍해를 건너야지만 살 수 있다는 것을 알았지만 생명의 위협을 느낀 이스라엘 백성들은 겁에 질려 분노와 원망을 쏟아 내는 것 말고는 할 수 있는 것이 없었습니다. 그러나 모세는 하나님께 부르짖었습니다(출14:15). 이처럼 어떤 환경에 처하든지, 비록 죽을 고비 앞에서도 하나님의 주권을 인정하는 자세를 가진 사람은 하늘 문을 두드립니다. 그럴 때 그 문을 열어 주시는 것은 하나님의 몫이 됩니다. 겸손의 기도는 자신의 힘과 지식으로는 안 된다는 것을 알고 모든 일을 주관하시는 하나님을 인정하고 주의 긍휼을 요청하는 것입니다. '하나님, 이제는 제 힘으로는 안 됩니다. 나로서는 안 됩니다. 나를 긍휼히 여겨 주십시오. 하나님, 나의 주인이 되어 주십시오.'

예수님 앞에 나온 많은 무리는 저마다 문제를 가지고 있었습니다. 병 고침을 받고, 일이 좀 잘 풀리고, 문제가 잘 해결되기를 바라는 마음으로 예수님을 찾았습니다. 그러나 예수님은 구하고, 찾고, 두드리라고 말씀하시며 구하는 이마다 받을 것이요 찾는 이는 찾아낼 것이요 두드리는 이에게는 열릴 것이라고 약속해 주셨습니다. 우리의 기도는 내 뜻대로 되도록 바꿔 달라고 떼 쓰는 것이 아닙니다. 우리 속의 성령께서는 하나님 아버지의 깊으신 것까지라도 통달하신 분이십니다(고전2:10). '내 생각은 이런 것 같은데 하나님의 참 뜻이 있다면 내게 가르쳐 주십시오.' 겸손히 기도한다면 성령께서 우리가 구할 때 받게 하실 것이고 찾을 때 찾게 하실 것이며 두드릴 때 문을 열어 주실 것입니다.

함께 하는 기도

사랑의 하나님 감사합니다. 우리가 구하고 찾고 두드리는 신앙이 될 수 있기를 원합니다. 그러나 우리가 하나님의 뜻을 모르는 체 내가 원하는 목적을 따라 찾고 구했음을 용서해 주옵소서. 또한 겸손히 두드리는 신앙이 아니라 기도로 하나님을 억지로 끌고 가려고 했던 어리석음을 용서하여 주옵소서. 다시 한 번 이 말씀을 좇아 겸손함과 진심으로 주님 앞에 서는 법을 배웠사오니 우리가 마땅히 구할 수 있게 하시고 찾을 수 있게 하시며 두드릴 수 있도록 하여 주옵소서.

예수님의 이름으로 기도합니다. 아멘.

Part 3

성경 인물들의
기도하는 자세

◇◇◇◇◇◇◇◇◇◇◇◇◇

1

자신의 뜻을 굽힌 다윗의 기도

(사무엘하 7:1~29)

만군의 여호와 이스라엘의 하나님이여
주의 종에게 알게 하여 이르시기를 내가 너를 위하여
집을 세우리라 하신고로 주의 종이 이 기도로
구할 마음이 생겼나이다 (삼하 7:27)

사사시대의 엘리 제사장 때에 블레셋과 이스라엘 사이에 전쟁이 일어났습니다. 치열한 전투 끝에 약 4천 명이나 되는 이스라엘 병사가 죽었고 이스라엘은 블레셋에 크게 패했습니다. 이스라엘의 지도자들은 서로 의논하며 여호와의 언약궤를 전쟁터에 가지고 가서 블레셋과 다시 싸우자고 했습니다. 하나님의 임재를 상징하는 언약궤를 메고 나가면 하나님께서 그 가운데 계셔서 원수의 손에서 분명히 구원하실 것이라고 믿었습니다. 그러나 이스라엘은 언약궤가 함께 했던 전쟁에서 더 크게 패했고

3만 명이나 되는 전사자를 내고 하나님의 언약궤까지 블레셋에게 빼앗기고 말았습니다. 언약궤를 빼앗은 블레셋 사람들은 처음에는 의기양양했으나 언약궤가 블레셋에 있는 동안 언약궤가 가는 곳마다 하나님께서 블레셋의 신상을 쓰러뜨리시고 사람들을 독종과 큰 환난으로 치셨기에 죽음의 공포에 휩싸였습니다. 블레셋 다섯 지방의 지도자들은 서로 하나님의 언약궤를 가져갈 수 없다고 떠넘기다가 언약궤를 돌려보내기로 결정하고 속건제물과 함께 멍에를 메어 보지 않은 젖소 두 마리가 끄는 새 수레에 실어 보냈습니다. 그 후 언약궤는 벧세메스를 거쳐 기럇여아림의 아비나답의 집에 있게 되었습니다.

오랜 세월이 지나 하나님을 전심으로 사랑하는 다윗이 왕위에 오르게 되었고 다윗은 하나님의 임재를 상징하는 언약궤를 하루빨리 예루살렘으로 옮기고 싶었습니다. 다윗은 블레셋 사람들이 언약궤를 옮겼던 방법처럼 하나님의 궤를 소가 끄는 새 수레에 싣고 옮겼습니다. 언약궤가 예루살렘을 향하여 출발하자 다윗과 이스라엘 백성은 기뻐서 여러 악기와 수금과 비파, 소고, 양금, 제금으로 하나님을 찬양했습니다. 그런데 나곤의 타작마당에 이르러 무슨 이유인지 소들이 날뛰기 시작했고 수레를 몰던 웃사는 하나님의 궤가 땅에 떨어질 것을 염려하여 손을 들어 급히 언약궤를 붙들었습니다. 그리고 이 때문에 웃사는 하나님의 진노하심으로 언약궤 곁에서 죽고 말았습니다. 다윗은 하나님의 궤를 다윗성으로 오게 하려는 계획을 바꾸어 오벧에돔의 집에 석 달을 두었습니다. 그리고 하나님께서 그 언약궤로 말미암아 오벧에돔의 집과 그의 모든 소유에 복을 주셨다는 소식을 듣고 다시 하나님의 궤를 예루살렘으로 옮기고자 했습니다. 그리고 이번에는 절차를 따라 언약궤를 섬길 수 있는 레위 자손이 어깨에 메고 옮겼습니다(대상 15:2). 그 후 정치적으로나 사회적으로 이스라엘 왕국이 안정을 찾아갈 때 다윗은 하나님을 위해서 성전을 건축하고자 하는 마음을 갖고 나단 선지자에게 그 뜻을 전했습니다.

> 여호와께서 사방의 모든 대적을 파하사 왕으로 궁에 평안히 거하게 하신 때에 왕이 선지자 나단에게 이르되 볼찌어다 나는 백향목 궁에 거하거늘 하나님의 궤는 휘장 가운데 있도다 나단이 왕께 고하되 여호와께서 왕과 함께 계시니 무릇 마음에 있는 바를 행하소서 (삼하7:1~3)

나단 선지자는 다윗의 마음의 소원대로 하라고 조언했습니다. 그런데 그날 밤 하나님께서는 나단 선지자에게 임하셔서 다윗의 성전 건축을 허락하지 않으셨습니다.

그 밤에 여호와의 말씀이 나단에게 임하여 이르시되 가서 내 종 다윗에게 말하기를 여호와께서 이와 같이 말씀하시되 네가 나를 위하여 내가 살 집을 건축하겠느냐 내가 이스라엘 자손을 애굽에서 인도하여 내던 날부터 오늘까지 집에 살지 아니하고 장막과 성막 안에서 다녔나니 이스라엘 자손과 더불어 다니는 모든 곳에서 내가 내 백성 이스라엘을 먹이라고 명령한 이스라엘 어느 지파들 가운데 하나에게 내가 말하기를 너희가 어찌하여 나를 위하여 백향목 집을 건축하지 아니하였느냐고 말하였느냐 (삼하7:4~7)

다윗에게는 자신을 왕으로 높여 주신 하나님 앞에서 항상 빚진 자의 마음이 있었을 것입니다. 그리고 하나님을 위해서 무엇을 할까 생각하다가 하나님을 위해서 성전을 건축하고자 마음먹었을 것입니다. 그랬기 때문에 하나님께서 성전건축을 허락하지 않으신다는 나단 선지자의 말은 다윗에게 적지 않은 충격이었을 것입니다. 그러나 성경은 다윗이 다시 주님께 간구할 힘과 용기를 얻었다고 말하고 있습니다.

만군의 여호와 이스라엘의 하나님이여 주의 종에게 알게 하여 이르시기를 내가 너를 위하여 집을 세우리라 하신고로 주의 종

이 이 기도로 구할 마음이 생겼나이다 (삼하7:27)

다윗은 하나님께 기도로 구할 마음이 생겼다고 고백했습니다. 이것은 그의 기도의 방향이 바뀐 것을 의미합니다. 다윗은 단순하게 하나님께서 원하시지 않는다고 실망만 한 것도 아니고, 하나님께서 자신의 후손에게 허락하셨으니 하나님께서 알아서 하시겠지 하며 방관한 것도 아니었습니다. 다윗은 하나님의 뜻을 깨닫고 자신의 후손이 하나님의 뜻을 따라 성전을 건축하기를 하나님을 의지하여 기도했습니다. 기도는 하나님의 주권을 깨닫고 하나님께서 허락해 놓으신 방향으로 구할 때 은혜가 있습니다. 그렇기 때문에 기도의 제목 그 자체를 목적으로 삼고 기도하기보다는 하나님께서 진정 원하시는 것은 무엇인지, 하나님께서 허락해 놓으신 것이 무엇인지 알기 위해 기도해야 합니다. 이스라엘이 애굽에서 가나안으로 왔을 때 하나님께서는 가나안 정복을 허락해 놓으셨습니다. 그렇기 때문에 이스라엘 백성의 적은 노력에도 가나안 정복이라는 영광을 보았습니다. 그러나 하나님께서 허락하시지 않았을 때는 아무리 이스라엘 백성들이 광야에서 가나안을 정복하겠다고 해도 되지 않았습니다. 오히려 문제가 생겼습니다. 아말렉 사람들에게 쫓겨 패하고 말았습니다.

모세가 이르되 너희가 어찌하여 이제 여호와의 명령을 범하느냐 이 일이 형통하지 못하리라 여호와께서 너희 중에 계시지 아니하니 올라가지 말라 너희의 대적 앞에서 패할까 하노라 아말렉인과 가나안인이 너희 앞에 있으니 너희가 그 칼에 망하리라 너희가 여호와를 배반하였으니 여호와께서 너희와 함께 하지 아니하시리라 하나 그들이 그래도 산 꼭대기로 올라갔고 여호와의 언약궤와 모세는 진영을 떠나지 아니하였더라 아말렉인과 산간지대에 거주하는 가나안인이 내려와 그들을 무찌르고 호르마까지 이르렀더라 (민14:41~45)

그래서 진정한 기도는 우리가 원하는 것을 구하고 하나님이 응답하시는 것이 아니라 하나님께서 허락해 놓으신 것을 깨달아 가는 과정이며 그 과정을 통해 하나님께서 허락하신 방향으로 가는 것입니다.

이 시대의 많은 그리스도인들은 자신이 답을 내려놓고 그것을 이루어 달라고 기도하고 세상의 판단자가 되어 기도합니다. '하나님, 이렇게 해주십시오. 저렇게 되면 안 됩니다,' '이 사람은 축복하시고 저 사람은 심판하여 주옵소서.' 이것은 진정한 기도라고 할 수 없습니다. 사람의 입장에서 보면 다윗이 성전을 건축하려고 하는 것은 다 옳고 맞는 말처럼 들립니다. 그러나 하나님께서 깊은 의중을 가지고 그것을 거절 하셨을 때 다윗은 자신의 주관적 관점을 고집하지 않았습니다. 단지 다시 하나님께 기도하되 하나님께 알게 하신 것을 기준으로 하나님의 허락하심을 힘입어서 기도했습니다. 다윗은 자신이 주체가 되어 기도하는 것이 아니라 하나님의 말씀과 약속 안에서 기도를 바꾸었습니다. 이처럼 진정한 기도는 하나님의 뜻을 깨닫고 나의 시선이 하나님의 뜻 안에서 환경을 바라보는 것으로 바뀌어 하나님께서 원하시는 방향으로 구하는 것입니다.

하박국 선지자는 무화과나무가 무성치 못하고 포도나무에 열매가 없고 감람나무에 소출이 없고 밭에 식물이 없고 우리에 양이 없고 외양간에 소가 없는 것을 보았지만 하나님의 뜻을 알고 난 후에는 그것들 때문에 힘들어 하지 않았습니다. 오히려 여호와를 인하여 즐거워하며 나의 구원의 하나님을 인하여 기뻐하겠다고 고백했습니다(합3:17,18). 그런데 우리의 기도는 하나님의 뜻대로 방향이 전환되기 보다는 내가 원하는 것을 끝까지 고집하는 어린아이와 같은 모습에 머물러 있습니다. 다윗이 성전 건축을 원했던 것은 하나님을 위하는 마음이었습니다. 그럼에도 하나님께서 아니라고 말씀하셨을 때 다윗은 자존심이 상해서 화를 내거나 실망감을 드러내지 않았습니다. 오히려 하나님 앞에서 자신의 뜻을 굽히고 하나님께서 자신의 후손을 통해서 성전을 건축하시겠다는 말씀을 힘입어 그렇게 되기를 기도했습니다.

여기서 아주 중요한 것, 하나님의 허락하심과 응답하심에 대해 조금 더 깊이 살펴보고자 합니다. 하나님께서 허락하시는 것에는 진심으로 허락하시는 것이 있는 반면 한시적이고 시험적으로 허락하시는 것이 있습니다. 한시적이고 시험적으로 허락하시는 것은 우리에게 무엇인가 깨닫게 하시기 위한 목적이 있습니다. 예를 들어 이스라엘 백성들이 주변의 다른 나라들처럼 왕을 달라고 고집했을 때 왕을 세워 주신 사건이 그와 같습니다. 이스라엘 백성이 왕을 구한 것은 하나님의 뜻과 맞지 않는 것이었지만 허락해 주셨습니다. 이것은 하나님께서 진심으로 원해서 허락해 주신 것이 아닙니다. 그들의 생각이 얼마나 허망하고 잘못되었는지 깨닫게 하시기 위해서 조건적으로 허락해 주신 것입니다. 허락해 주셨다 할지라도 하나님의 본심이 아닙니다. 왕을 주신 분이 하나님이신데 그 왕 때문에 이스라엘은 죄악에 빠졌고 국가적으로 큰 어려움을 겪었습니다. 결과적으로 보면 이스라엘 백성들이 하나님께 구한 것을 하나님께서 주신 것인데 하나님께서 허락하신 것 때문에 백성 모두가 고통을 겪었습니다. 이처럼 우리에게 무엇인가 깨달을 것이 있어서 한시적이고 조건적으로 주신 것이라면 허락된 것에 집착해서는 안 됩니다. 왕 때문에 나라가 어려워지고 백성들의 삶이 곤고해졌다고 왕을 다시 거두어 달라고 할 수도 없고 그 환경을 떠날 수도 없습니다. 그렇다면 왕에게 나라를 잘 다스리라고 집착할 것이 아니라 왕을 구했던 자신의 잘못을 뉘우치고 다시 하나님께서 이 나라를 주관하시고 다스려 달라고 요청해야 할 것입니다.

또 다른 예로 아브라함을 볼 수 있습니다. 하나님께서는 아브라함에게 자식을 주시겠다고 약속하셨습니다. 하나님께서 허락해 놓으신 자식은 믿음의 자식이었지만 아브라함이 얻고자 하는 자식은 자신의 대를 이을 혈육의 자식이었습니다. 하나님께서 주시고자 하는 것도 자식이고 아브라함이 얻고자 하는 것도 자식이었으나 하나님과 아브라함이 가지고 있는 '자식'의 개념은 차이가 너무 컸습니다. 그렇기 때문에 아브라함은 하나님께서 허락해 놓으셨음에도 불구하고 자식을 쉽게 얻을 수 없었습니다.

하나님께서 주시고자 하는 것도 물질이고 내가 구하는 것도 물질인데 얻지 못하고 있습니까? 하나님께서 주시고자 하는 것도 자녀고 내가 구하는 것도 자녀인데 얻지 못하고 있습니까? 하나님께서 주시고자 하는 것도 직장, 가정이고 내가 구하는 것도 직장, 가정인데 얻지 못하고 있습니까? 하나님께서 주시고자 하는 것도 성전이고 내가 구하는 것도 성전인데 얻지 못하고 있습니까? 그렇다면 우리는 하나님께서 허락해 놓으신 방향이 무엇인지 생각해 봐야합니다. 내가 구하는 것이 진정 하나님께서 허락하신 방향인지 살펴봐야 합니다. 하나님께서 아니라고 고개를 저으신다면 우리가 바뀌어야 합니다. 이것이 기도의 본질입니다. 즉, 우리의 기도를 들으시는 분이 하나님이시며 우리가 기도한 것을 허락하시는 분도 하나님이라는 것입니다. 하나님께서 하나님의 사람들에게 특권처럼 주신 것이 기도입니다. 그런데 기도가 무엇인지 모르기에 그냥 기도하다가 내 뜻대로 안 되면 기도하기를 포기하고, 때로는 하나님께서 허락하지 않으신 것을 고집스럽게 열심히 구하기도 합니다.

다윗의 기도는 하나님을 사랑하는 자의 모습입니다. 사람의 눈에 99.9% 옳고 맞는 일처럼 보일지라도 하나님께서 아니라고 말씀하시면 자신을 고집하지 않았습니다. 자존심으로 맞서지도 않았습니다. 오직 하나님의 뜻을 깨닫고 다시 힘을 얻어 기도하되 하나님의 뜻대로 되기를 기도했습니다. 오늘 우리의 기도는 자신을 고집하지 않으며 하나님의 뜻대로 방향이 전환되어야 합니다. 그렇게 된다면 우리의 삶은 하나님과 부딪히는 삶이 아니라 하나님과 동행하는 삶이 될 것입니다.

◇◇◇◇◇
함께 하는 기도

우리의 기도를 들으시는 하나님 감사합니다. 지금까지 내 눈으로 보기에 옳은 대로, 내 생각에 맞는 대로 기도했음을 용서하여 주옵소서. 하나님의 깊으신 뜻을 깨닫게 하셔서 다시 하나님께 기도할 힘을 얻게 하시고 하나님의 뜻대로 되기를 간구하는 겸손한 심령이 되게 하옵소서.

예수님의 이름으로 기도합니다. 아멘.

2

하나님의 주권을 인정한
히스기야의 기도
(열왕기하 19:14~19)

그 앞에서 기도하여 가로되
그룹들 위에 계신 이스라엘의 하나님 여호와여
주는 천하 만국에 홀로 하나님이시라
주께서 천지를 조성하셨나이다 (왕하19:15)

이스라엘의 제 3대왕 솔로몬은 건축사업을 위한 백성의 강제 노동을 일삼았고 이것은 백성들 마음속에서 원망거리가 되었습니다. 솔로몬이 죽고 그의 아들 르호보암이 왕위에 오르자 이런 강경정책에 대한 불만이 즉시 터졌고 젊은 사신들의 말을 따라 백성들의 멍에를 더 무겁게 하여 통치하려던 르호보함의 결정에 대한 반발로 유다와 베냐민 지파를 제외한 열 지파가 북이스라엘 왕국으로 독립하게 되었습니다. 이것은 한 나라의 역사가 상황과 환경에 따라 흘러가는 것처럼 보이는 사건일지 모릅니다. 그러나 솔로몬이 이방여인을 아내로 삼고 마음을 돌이켜 하나님을 떠나 이방신을 섬겼을때 하나님께서는 솔로몬에게 왕국을 빼앗아 솔로몬의 신복에게 주실것 이라고 이미 말씀하신것이 이루어진 것입니다. (왕상11:9-13).

북이스라엘은 BC722년 앗수르 왕국에 의해 멸망을 당하게 되었는데 그 당시 남유다의 왕이 히스기야였습니다. 북이스라엘을 멸망시킨 앗수르왕 산헤립은 BC714년 히스기야왕 14년에 유다 왕국까지 멸망시키기 위해 유다를 공격해왔습니다. 신학자들은 이 전쟁의 원인을 친앗수르 정책을 펴던 이전 왕들과는 달리 히스기야가 반앗수르 정책을 폈기 때문에 산헤립이 보복한 것이라고 말합니다. 이 전쟁에서 참패한 히스기야왕은 굴욕적으로 패배를 인정하고 은 300달란트와 금 30달란트를 내주어야 했습니다. 히스기야 왕은 여호와의 성전과 왕궁 보물창고에 있는 모든 은을 거두고 여호와의 성전 문의 금과 자신이 기둥에 입힌 금까지 모두 벗겨 앗수르 왕에게 주었습니다. 그러나 앗수르는 멈추지 않고 유다를 완전히 정복하기 위해서 2차 공격을 해왔습니다. 앗수르왕 산헤립은 랍사게와 두 신하를 보내 유다의 군사력은 보잘 것 없으니 항복하는 것이 곧 주의 뜻이라고 종교적인 명분을 들어서 항복을 종용했습니다.

> 내가 이제 올라와서 이 땅을 멸하는 것이 여호와의 뜻이 없음이
> 겠느냐 여호와께서 내게 이르시기를 올라가 그 땅을 쳐서 멸하
> 라 하셨느니라 하니라 (사36:10)

간교한 랍사게는 유다 백성들이 듣도록 유다 방언으로 말하기를 유다의 히스기야왕은 앗수르 산헤립왕과는 비교 상대가 되지 않고 여호와 하나님도 유다를 산헤립에게서 구원하지 못할 것이니 유다 백성들이 항복해 온다면 앗수르에 데리고 가서 잘 살게 해 줄 것이라고 회유했습니다. 그러나 유다 백성들은 산헤립의 말에 요동치지 않고 잠잠했습니다. 그들은 오히려 속지 않고 단합했습니다.

> 히스기야의 말을 듣지 말라 앗수르 왕이 또 이같이 말씀하시기를
> 너희는 내게 항복하고 내게로 나아오라 그리하면 너희가 각각 자
> 기의 포도와 자기의 무화과를 먹을 것이며 각각 자기의 우물 물
> 을 마실 것이요 내가 와서 너희를 너희 본토와 같이 곡식과 포도
> 주와 떡과 포도원이 있는 땅에 옮기기까지 하리라 (사36:16,17)

하나님의 사람이 사단의 공격에 패하면 비참해 집니다. 그리고 우리가 그 사단에게 고개를 숙이면 숙일수록 사단은 더 간교하게 우리를 괴롭히고 더 많은 것을 요구합니다. 싸워서 승리하지 않으면 그들의 종이 될 수밖에 없는 것입니다. 성도가 실패하고 어려울 때 사단은 그것이 주의 뜻이라고 속삭입니다. 그러나 속지 말아야 합니다. 비록 하나님께서 그런 형편가운데 두셨을지라도 하나님의 본심은 성도가 승리하는 것입니다. 실패의 원인을 깨닫고 회개하며 돌이켜 승리하는 것이 진정 주의 뜻입니다.

히스기야왕은 그 상황이 너무 비참하여 자신의 옷을 찢고 굵은 베옷을 입고 하나님의 전에 들어가서 기도했습니다. 그리고 하나님의 사람, 이사야 선지자에게 사람을 보내서 기도 요청을 했습니다. 유다가 앗수르의 1차 공격을 받았을 때만 해도 히스기야는 먼저 하나님 앞에서 기도하지 않았습니다. 적들이 달라고 했던 은과 금을 다 내어주는 수모를 겪었는데도 앗수르가 멈추지 않고 유다를 완전히 정복하겠다고 다시 쳐들어오자 그제야 하나님 앞에 기도했습니다.

하나님의 사람은 사단과 타협해서도 안 되고, 세상과 타협해서도 안 됩니다. 신앙은 흑이던지 백이던지 둘 중 하나를 선택해야 합니다. 승리하지 않으면 질 수밖에 없습니다. 신앙은 수비만 하는 것이 아니고 승리해야 하는 것입니다. 그러나 많은 그리스도인들이 수비하듯 신앙생활 합니다. 사단이 공격해 오면 막아 내고 멈춥니다.

히스기야왕은 은과 금을 내어 주면 모든 것이 끝날 줄 알았습니다. 그러나 앗수르의 공격은 끝나지 않았고 더 간교해졌습니다. 신앙생활에서 한 번 타협하기 시작하면 언젠가는 모든 것을 내어 줄 수밖에 없습니다. 히스기야왕이 은과 금을 모두 내어 주었는데도 불구하고 앗수르가 다시 쳐들어오자 비참했을 것입니다. 산헤립왕이 보낸 랍사게가 유다 백성들에게 자신의 무능함을 들어 항복을 종용하는 소리를 듣고 침통함과 비참함만 남았을 것입니다. 히스기야왕은 그제야 하나님으로 문제를 해결하고자 했습니다. 하나님의 전을 찾아가 기도했고 이사야 선지자에게도 기도 부탁을 했습니다. 아무나 찾아가서 기도부탁을 한 것이 아니라 하나님께서 이스라엘과 유다를 위해서 선지자로 세우신 이사야에게 기도부탁을 했습니다. 그러자 하나님께서는 이사야를 통하여 위로의 말씀으로 응답하셨습니다.

> 이사야가 저희에게 이르되 너희는 너희 주에게 이렇게 고하라 여호와의 말씀이 너는 앗수르 왕의 신복에게 들은바 나를 능욕하는 말을 인하여 두려워하지 말라 내가 한 영을 저의 속에 두어 저로 풍문을 듣고 그 본국으로 돌아가게 하고 또 그 본국에

서 저로 칼에 죽게 하리라 하셨느니라 (왕하19:6,7)

이사야의 회신은 히스기야에게 큰 위로가 되었을 것입니다. 그러나 현실은 달랐습니다. 앗수르왕은 히스기야왕에게 항복하지 않으면 다른 나라를 진멸한 것과 같이 유다도 진멸하겠다는 편지로 히스기야를 협박해 왔습니다. 그러자 히스기야왕은 그 편지를 하나님 앞에 펼쳐놓고 다시 기도했습니다.

> 그 앞에서 기도하여 가로되 그룹들 위에 계신 이스라엘의 하나님 여호와여 주는 천하 만국에 홀로 하나님이시라 주께서 천지를 조성하셨나이다 여호와여 귀를 기울여 들으소서 여호와여 눈을 떠서 보시옵소서 산헤립이 사신 하나님을 훼방하러 보낸 말을 들으시옵소서 여호와여 앗수르 열왕이 과연 열방과 그 땅을 황폐케 하고 또 그 신들을 불에 던졌사오니 이는 저희가 신이 아니요 사람의 손으로 지은 것 곧 나무와 돌 뿐이므로 멸하였나이다 우리 하나님 여호와여 원컨대 이제 우리를 그 손에서 구원하옵소서 그리하시면 천하 만국이 주 여호와는 홀로 하나님이신줄 알리이다 하니라 (왕하19:15~19)

이 기도는 자신이 믿는 하나님은 온 세계에 홀로 하나님이시며 천지를 조성하신 분이시니 하나님을 모욕하는 말을 듣기만 하지 마시고 우리를 구원하심으로 세상의 모든 나라들이 여호와 하나님만이 홀로 하나님이신 것을 알게 해달라는 기도였습니다. 히스기야가 급박한 상황에서 이렇게 기도할 수 있었던 것은 하나님의 주권을 인정하는 마음이 있었기 때문입니다. 히스기야는 참담하고 급박한 상황에서 군사의 힘이나 사람의 지략을 먼저 찾거나 항복함으로 굴복하지 않았습니다. 하나님 앞으로 나아가 무릎 꿇어 기도했습니다. 협박편지를 받고 실망했다면 이런 기도를 하지 못했을 것입니다. 하나님의 주권을 인정하고 생사화복이 하나님께 있음을 믿기에 기도할 수 있었습니다.

하나님의 주권을 인정하지 못 하는 사람은 문제가 생기면 돈과 사람으로 해결하려고 합니다. 아프면 병원가면 되고 의사가 치료한다고 생각합니다. 그러나 진정한 신앙인은 자신의 생명과 건강은 하나님 손에 있음을 먼저 생각합니다. 하나님을 자신의 생명의 주인으로 인정하기에 하나님께 먼저 기도합니다.

또한 히스기야 왕은 하나님의 사람을 훼방하는 것은 하나님을 훼방하는 것이라는 분명한 의식이 있었습니다. 그렇기에 자신을 대적하는 적들을 향하여 인간적인 감정을 앞세워 자신이 직접 싸우고자 하지 않았습니다. 자신을 훼방하는 것은 곧 하나님을 훼방하는 것이라는 믿음이 있었기에 적들을 하나님 앞에

고발했습니다. 이것은 자신의 생명과 나라가 하나님의 것이라는 신앙을 기본으로 가지고 있어야 가능한 자세입니다. 유다의 왕으로서 그 나라가 자기 자신이 다스리는 나라라고 여겼다면 나라를 지키기 위해서 인간적으로 애쓰고 노력했을 것입니다. 그러나 히스기야에게는 자신의 생명도, 왕좌도, 나라도 모두 하나님의 것이라는 분명한 의식이 있었기에 인간적인 방법으로 대처하지 않았습니다. 이처럼 히스기야는 하나님의 주권을 인정하고 모든 것의 주인이 하나님이신 것을 인정하였기에 하나님을 훼방하는 자에게서 구원해달라고 요청할 수 있었습니다. 그리고 그 구원의 역사로 세상의 모든 나라가 하나님만이 홀로 하나님이신 것을 알게 해달라고 간구하였습니다. 히스기야가 요청한 구원은 자신을 위한 것이 아닙니다. 하나님의 이름을 위해서 구원해 달라는 것입니다. 하나님의 주권을 인정하는 자만이 이와 같이 기도할 수 있고 그 기도의 영광도 볼 수 있습니다.

히스기야 왕도 처음에는 금과 은을 모두 내어 주는 비참한 상황까지 갔었지만 하나님의 주권을 인정함으로 그 깊은 수렁에서 빠져나올 수 있었습니다. 사단은 끊임없이 우리를 미혹하고 좌절시키며 하나님을 위해서 살지 못하도록 협박합니다. 그것 때문에 두려워서 세상의 눈치를 보고 살아간다면 우리는 하나님의 사람도 아니고 세상 사람도 아닌 모습이 되고 맙니다.

히스기야왕은 결국에는 승리하였습니다. 하나님께서 친히 앗수르를 막아주셔서 앗수르의 산헤립왕은 유다를 공격조차 하지 못한 채 멸망하였습니다. 싸우지 않으면 결코 승리도 없습니다. 그러나 성도가 싸우는 방법은 인간적인 방법이나 힘으로 싸우는 것이 아닙니다. 하나님의 주권을 인정하는 자세로 세상과 싸우고, 사단과 싸우고, 병마와 싸우고, 자신의 생각과 싸우는 것입니다. 하나님으로 싸울 때 하나님께서 화(禍)가 변하여 복(福)이 되게 하시고 우리를 위협하던 사단의 권세를 물리치는 승리의 놀라운 역사가 있게 될 것입니다.

사랑의 하나님, 하나님의 주권을 인정하는 모습보다는 우리의 노력이나 우리의 의지로 살아가고자 했던 것을 용서하옵소서. 하나님의 주권을 인정한다면 하나님과 약속한 것을 우선순위로 두고 모든 일들을 선택하며 나아가야 하는 줄 믿습니다. 사단은 우리의 생각과 우리의 마음과 우리의 삶을 내어달라고 하다가 이제 우리 주변에 있는 모든 것들을 내어 달라고 우리를 협박합니다. 너희가 기도해서 된 것이 무엇이며 너희가 하나님을 믿어서 된 것이 무엇이냐고 말합니다. 그러나 이미 이천년 전에 악한 영을 도말하신 예수 그리스도의 영을 믿사오니 우리로 승리하게 하여 주옵소서. 그래서 친히 하나님 앞에 구원을 요청하게 하시고 구원하실 하나님을 소망하며 믿음으로 확신을 가지고 우리에게 주어진 삶을 향해 나아가게 하여 주옵소서.

예수님의 이름으로 기도합니다. 아멘.

3

자신의 정체성을 아는
느헤미야의 기도

(느헤미야 1:1~11)

가로되 하늘의 하나님 여호와 크고 두려우신 하나님이여
주를 사랑하고 주의 계명을 지키는 자에게 언약을 지키시며
긍휼을 베푸시는 주여 간구하나이다 (느1:5)

하나님을 믿는 성도라면 각자 하나님 앞에 간구하는 기도의
제목들이 있을 것입니다. 그러나 과거에 간절히 기도했던 것들
을 기억하고 있는 사람이 얼마나 있을까요? 과거에 자신이 무엇
을 기도했는지 조차 기억하지 못하고 있다면 그것은 그만큼 그
기도가 진실하지 못했기 때문일 것입니다. 하나님은 성도들에게
약속을 주시고 그 약속을 신실하게 지켜 가시는 약속의 하나님

입니다. 그리고 성도들도 하나님 앞에 약속한 것을 기억하고 그것을 마음 속 중심에 두기를 원하십니다.

느헤미야는 바벨론으로부터 3차 포로귀환이 끝나고 귀환자들이 예루살렘을 중심으로 유대 땅에 정착한 후에 그 3차 포로귀환의 역사를 에스라에 이어 기술하여 후대의 신앙생활에 지침을 주고자 느헤미야서를 기록했습니다. 우리는 느헤미야서를 통해 비록 택하신 백성이 하나님 앞에 죄악을 범하여 심판을 받았다 하더라도 궁극적으로 다시 그들을 회복시키시고 은혜를 주시는 하나님을 볼 수 있습니다.

느헤미야는 비록 포로 신분이었지만 바벨론에서 관직에 올라 있었습니다. 어느 날 그는 예루살렘에 남아 있는 사람들이 큰 어려움과 수모를 당하고 있으며 예루살렘 성벽은 무너져버린 채로 그대로 있고 성문은 불탄 후로는 다시 재건되지 못했다는 말을 듣게 되었습니다. 느헤미야는 비참한 고국의 형편을 듣고 주저앉아 울다가 며칠 동안 슬퍼하고 금식하며 기도했습니다. 그는 수산궁에 있으면서 개인적으로 안락하고 편안한 생활을 하고 있었지만 그의 관심은 온통 동포와 고국에 있었습니다. 그래서 비참한 예루살렘의 소식을 듣고는 슬픔으로 금식하며 기도했습니다. 개인적으로는 너무 평안하고 모든 것이 넉넉하며 하나님의 은총을 입고 인정받는 자리까지 올라서 아쉬울 것이 없는 삶을 살았지만 그는 자신의 정체성을 알았기에 울며 기도할 수밖에 없었습니다.

자신이 하나님 앞에서 누구인지 아는 사람은 자신이 목적한 것만을 이루기 위해서 기도하지 않습니다. 그러나 자신이 하나님 앞에서 누구인지 모르는 사람은 자신의 목적을 이루기 위해서 기도를 이용합니다. 느헤미야는 자신의 뿌리, 자신의 정체성을 알았습니다. 비록 수산 궁에 머물고 있었지만 자신은 하나님께서 택하신 백성인 것을 알고 있었습니다. 그렇기에 그의 관심은 자신의 동포와 고국의 형편이었습니다.

성도는 자신의 정체성을 하나님께로부터 찾아야 합니다. 하나님께서는 우리를 지으신 창조자 입니다. 그분은 독생자 예수 그리스도를 보내셔서 모진 고통을 내 대신 받게 하시고 십자가에 못 박혀 죽게 하시므로 우리를 구원하셨습니다. 우리는 하나님께서 지으신 자요 예수 그리스도의 핏 값으로 사신 자들입니다. 하나님 안에서의 정체성을 아는 사람은 오직 돈 많이 벌고 잘 먹고 잘 사는 것에만 관심을 두지 않습니다. 교회와 성도들의 형편을 돌아보고 하나님의 나라에 관심이 있기에 하나님의 나라와 의를 위해 기도합니다.

느헤미야는 부족함이 없는 사람이었습니다. 그 당시 최고 강대국의 관직에 오른 사람입니다. 그가 밥을 굶어가면서 금식해야 할 개인적인 이유는 하나도 없었습니다. 그러나 자신의 뿌리,

자신의 정체성을 생각하니 가만히 있을 수 없었던 것입니다. 이 시대의 많은 그리스도인들은 극히 개인적이고 주관적인 목적에 초점을 맞추어 기도합니다. 하나님의 교회가 세상에서 손가락 질 받고 어려워도 관심은 온통 자신의 안녕뿐입니다. 그러나 느헤미야는 하나님의 나라와 의를 먼저 생각하는 사람이었습니다. 하나님께서 택하신 나라가 훼파되면 자신이 속한 선민의 지위도 아무것도 아닌 것이 되고 마는 것을 알았습니다. 그래서 느헤미야는 하나님 앞에 다음과 같이 간구하고 있습니다.

> 가로되 하늘의 하나님 여호와 크고 두려우신 하나님이여 주를 사랑하고 주의 계명을 지키는 자에게 언약을 지키시며 긍휼을 베푸시는 주여 간구하나이다 이제 종이 주의 종 이스라엘 자손을 위하여 주야로 기도하오며 이스라엘 자손의 주 앞에 범죄함을 자복하오니 주는 귀를 기울이시며 눈을 여시사 종의 기도를 들으시옵소서 나와 나의 아비 집이 범죄하여 주를 향하여 심히 악을 행하여 주의 종 모세에게 주께서 명하신 계명과 율례와 규례를 지키지 아니하였나이다 옛적에 주께서 주의 종 모세에게 명하여 가라사대 만일 너희가 범죄하면 내가 너희를 열국 중에 흩을 것이요 (느1:5~8)

느헤미야의 기도를 살펴보면 그는 하나님을 아는 지식도 있었고 그것을 바탕으로 무엇을 해야 할 지도 알았습니다. 이스라엘과 유다의 백성들이 나라를 빼앗기고 다 흩어져 있는 것은 하나님의 백성들이 하나님 앞에 범죄 하였기에 하나님께서 흩으신 것이지만 하나님께서는 긍휼을 베푸시는 하나님이신 것을 알았습니다. 그래서 느헤미야는 민족의 죄악을 짊어지고 회개했습니다. 자신의 범죄뿐만 아니라 자신의 동포가 지은 죄를 모두 끌어안고 하나님 앞에 자복(自服) 하였습니다. 느헤미야는 자신의 존재 이유를 세상의 명예나 높은 지위에서 찾지 않았습니다. 하나님께서 택하신 나라와 민족 가운데서 자신이 살아야 할 이유를 찾았습니다. 이처럼 하나님께서는 하나님의 뜻이 이루어지는 것에서 평안함을 찾았던 느헤미야와 같은 자들의 기도를 들으시고 예루살렘의 재건을 허락해 주셨습니다. 성벽이 다 무너지고 재만 남아 오랜 시간 방치되었던 예루살렘은 소망이 없는 것처럼 보였지만 다시 재건되었습니다. 이것은 돈이 많고 환경이 잘 풀려서 된 일이 아닙니다. 느헤미야와 같은 사람의 기도를 통해서 예루살렘에 다시 희망을 주신 것입니다.

만일 내게로 돌아와서 내 계명을 지켜 행하면 너희 쫓긴 자가 하늘 끝에 있을지라도 내가 거기서부터 모아 내 이름을 두려고

택한 곳에 돌아오게 하리라 하신 말씀을 이제 청컨대 기억하옵
소서 이들은 주께서 일찍 큰 권능과 강한 손으로 구속하신 주의
종이요 주의 백성이니이다 주여 구하오니 귀를 기울이사 종의
기도와 주의 이름을 경외하기를 기뻐하는 종들의 기도를 들으
시고 오늘날 종으로 형통하여 이 사람 앞에서 은혜를 입게 하옵
소서 하였나니 그 때에 내가 왕의 술 관원이 되었었느니라
(느1:9~11)

느헤미야가 포로의 신분으로 술관원장이라는 높은 자리까
지 올랐을 때 사람들은 인생이 잘 풀렸다고 부러워했을 것입니
다. 그러나 느헤미야는 하나님 앞에서 자신이 무엇을 기도를 했
을 때 높은 관직에 오르게 되었는지 자신의 기도를 기억했습니
다. 왕이 세워서 높은 관직에 올랐다고 생각하는 사람은 자신을
세워준 사람에게 충성하려고 노력할 것입니다. 그러나 느헤미야
는 자신이 무엇을 기도했는지 기억했기에 왕 앞에서 은혜를 입
게 하셔서 하나님께서 세워주셨다고 고백했습니다.

'화장실 들어갈 때 마음이 다르고 나올 때 마음이 다르다'는 말
이 있습니다. 물질 때문에 어려움을 겪으면서 하나님께 물질을
주시면 하나님의 교회를 위해서 사용하겠다고 기도했다가 물질
이 주어졌을 때 그 기도를 잊는 사람이 얼마나 많은지 모릅니다.

느헤미야는 어렵고 빈궁한 날에 기도했던 것을 기억하는 신앙의 소유자였습니다. 그와 같은 기도를 들으시고 하나님께서는 예루살렘의 재건을 이루어 가셨습니다.

우리도 어떤 환경이나 상황에 있든지 우리의 정체성을 하나님 안에서 찾고 기억하며 기도해야 합니다. 이제부터라도 느헤미야의 기도가 우리의 기도가 된다면 우리가 속한 곳에는 희망이 있고 하나님 나라 역사의 재건이 있게 될 줄 믿습니다.

◇◇◇◇◇◇
함께 하는 기도

하나님 오늘 우리의 기도가 이기적이고 어리석은 자의 기도가 아니기를 원합니다. 자신의 정체성과 뿌리를 아는 자의 기도이며 자신의 존재 이유를 아는 자의 기도가 되기를 원합니다. 나 혼자 잘 먹고 잘 살아 아쉬울 것이 없는 인생이 아니라 느헤미야와 같이 하나님의 나라와 의를 위하여 기도할 수 있는 자가 되게 하여 주옵소서. 또한 사람을 바라보는 자가 아니라 주께 간구할 수 있는 신앙을 허락하옵소서. 하나님께서 높이시는 날에 우리가 빈곤하고 어려운 날 하나님께 기도했던 것을 기억하는 신앙이 되게 하옵소서.

예수님의 이름으로 기도합니다. 아멘.

4

성도를 위한 바울의 기도

(에베소서 3:14~21)

그 영광의 풍성을 따라 그의 성령으로 말미암아
너희 속 사람을 능력으로 강건하게 하옵시며
믿음으로 말미암아 그리스도께서 너희 마음에 계시게 하옵시고
너희가 사랑 가운데서 뿌리가 박히고 터가 굳어져서
능히 모든 성도와 함께 지식에 넘치는 그리스도의 사랑을 알아
그 넓이와 길이와 높이와 깊이가 어떠함을 깨달아
하나님의 모든 충만하신 것으로 너희에게 충만하게 하시기를 구하노라

(엡3:16~19)

　　사도바울은 안디옥 교회의 파송으로 3차 선교여행을 떠나 에
베소에서 머물며 복음을 전했습니다. 두란노에서는 2년 동안 말
씀을 강론했고 마게도냐, 드로아, 밀레도를 거쳐 순교할 각오로
예루살렘으로 가서 야고보와 교회의 장로들에게 선교보고를 했
습니다(행21:17~19). 그러자 아시아로부터 온 유대인들이 무리를 충
동하여 바울이 이스라엘 민족의 율법과 성전에 해가 되는 것을

가르치고 성전에 이방인을 데리고 들어가 거룩한 곳을 더럽혔다고 붙잡아 죽이려고 했습니다. 이 일로 바울은 감옥에 투옥되었고 후에는 로마까지 호송되어 로마법정에 서게 됩니다. 그리고 로마에서 약 2년 동안의 감금생활을 한 후에 네로의 기독교 박해 때(AD 66~68년) 순교 당했을 것이라고 추정되고 있습니다.

　사도바울이 로마의 감옥에 투옥되자 바울을 사랑하고 따르던 성도들은 낙담하고 실망했을 것입니다. 그러나 바울에게는 하나님의 나라와 성도를 사랑하는 열정이 있었기에 실망하기보다는 기도했습니다. 그 열정은 바울을 지치거나 절망하지 못하도록 만들었고 포기하지 않도록 만들었습니다. 바울은 온 교회가 하나님의 진리를 깊이 깨달을 수 있도록 하나님께서 지혜와 능력으로 충만히 입혀주시기를 위해서 기도했습니다. 일반 상식적으로 생각해 보면 감옥 바깥에 있는 사람이 감옥 안에 있는 사람을 위해 간절히 기도하는 것이 맞을 것입니다. 그러나 하나님의 비밀을 알았던 바울은 주의 뜻을 모르는 성도들을 위해서 기도했습니다. 주님의 뜻을 알기에 어떻게 하면 저들이 하나님의 감추어진 비밀을 알 수 있을까를 생각했습니다. 사도바울은 하나님의 계시로 하나님의 비밀과 하나님의 뜻을 아는 사람이었습니다. 그래서 몸은 감옥에 있었지만 가만히 있을 수 없었습니다. 바울은 성도들을 위해서 속사람을 능력으로 강건하게 해주시기를 기도했습니다.

> 그 영광의 풍성을 따라 그의 성령으로 말미암아 너희 속사람을
> 능력으로 강건하게 하옵시며 (엡3:16)

사람들은 대부분 돈과 권세 등 외적인 능력을 원하지만 속사람이 강건해지기를 구하지 않습니다. 몸이 건강하고 지식이 아무리 많아도 어려운 일을 만나면 불안하고 두렵고 슬픈 마음이 생기기 마련인데 이런 것들은 지식이나 권세로 이길 수 있는 것이 아닙니다. 속사람이 능력으로 강건해야 어떤 어려움에도 당당할 수 있고 담대해집니다. 속사람에게 능력을 주시는 분은 하나님이십니다. 하나님께서는 하나님의 영광의 풍성함, 즉 성도를 향한 은혜와 사랑을 따라 성령으로 말미암아 우리의 속사람을 능력으로 강하게 해주십니다. 억만장자가 당장 주머니에 10만 원이 없다고 불안해하지 않는 것과 같이 우리 속사람이 성령으로 강건해지면 어려운 일 앞에서도 두렵지 않습니다. 바울은 성도를 위해 기도하면서 가장 첫 번째로 구한 것이 물질이나 이세상의 권세가 아니라 속사람의 능력이었습니다. 속사람이 강건하지 못하면 악한 영이 기도하지 못하도록 마음을 지치고 힘들게 만들 때나 말씀을 듣지 못하도록 마음에 실망을 안겨줄 때, 성

도들이 마음으로 연합하여 서로 하나 되지 못하게 하려고 이간질 시킬 때 그것을 거절할 힘이 없습니다. 하나님께서는 바울에게 감옥을 나올 수 있는 외적인 능력을 주시지 않았지만 감옥 속에서도 그의 마음이 약해지지 않도록 속사람이 강건해지는 능력을 주셨습니다. 그렇기에 감옥도 사도바울의 마음을 낙담시키지 못했습니다. 우리가 어찌할 바를 몰라 좌충우돌하며 방황하는 이유는 돈이 없어서도, 환경이나 사람 때문도 아닙니다. 우리 속사람이 능력이 없기 때문입니다. 속사람이 능력이 없기 때문에 그런 것들을 핑계 삼아 변명하는 것입니다.

> 믿음으로 말미암아 그리스도께서 너희 마음에 계시게 하옵시고 너희가 사랑 가운데서 뿌리가 박히고 터가 굳어져서 능히 모든 성도와 함께 지식에 넘치는 그리스도의 사랑을 알아 그 넓이와 길이와 높이와 깊이가 어떠함을 깨달아 하나님의 모든 충만하신 것으로 너희에게 충만하게 하시기를 구하노라
>
> (엡3:17~19)

또 바울은 성도에게 믿음이 있기를 위해서 기도했습니다. 바울이 성도들에게 믿음이 있기를 구한 것은 믿음이 있어야 그리스도께서 그 마음에 계실 수 있고 하나님의 사랑 가운데서 뿌리

가 박히고 터가 굳어져서 능히 모든 성도와 함께 지식에 넘치는 그리스도의 사랑을 깨달을 수 있기 때문입니다. 믿음에 뿌리를 내리는 신앙생활을 하지 못하는 사람은 신비적인 체험이나 환상, 자신의 욕심 따위에 뿌리를 내리기에 신앙이 자랄 수 없습니다. 그러나 믿음으로 신앙생활을 하면 하나님의 사랑 가운데 뿌리가 박히고 터가 굳어지게 하십니다. 그리고 능히 모든 성도와 함께 지식에 넘치는 그리스도의 사랑을 깨닫게 하십니다. 세상 사람들은 신앙생활이 빤하다고 생각합니다. 그러나 하나님의 비밀은 알아 가면 알아갈수록 그 깊이가 깊어지는 것입니다. 믿음이 없으면 이해하려 해도 이해가 되지 않지만 믿음이 있으면 하나님께서 친히 깨닫게 하시는 은혜를 누립니다.

> 하나님의 모든 충만하신 것으로 너희에게 충만하게 하시기를 구하노라 (엡3:19)

사도바울이 하나님께 받은 은혜는 감옥에서 자기 혼자 견디는 은혜가 아니었습니다. 자신을 초월할만한 은혜를 받았기에 나눠줄 것이 있었습니다. 말씀도 자신 혼자 견딜만한 은혜가 아니라 많은 사람에게 전하고 싶어 견딜 수 없는 충만한 은혜가 있었습니다. 하나님께서 성도에게 주시고자 하는 은혜는 충만한 것입니다. 예수님께서 부활하시고 성령이 임하자 제자들은 병든 자를 고치고 앉은뱅이를 일으키는 은혜가 충만한 삶을 살았습니다. 베드로에게도 혼자 회개할만한 감동이 아니라 3천 명, 5천 명을 회심하게 할 만한 감동이 있었습니다.

하나님께서 훈련시키실 때는 이스라엘 백성이 출애굽하여 가나안으로 가기까지 그들에게 하루에 하루 먹을 양식만 주신 것처럼 그만한 은혜만을 주십니다. 이것은 하나님을 신뢰하는 훈련, 하나님 앞에서 본분과 사명을 감당하는 훈련 때문이지 결코 하나님의 본심이 아닙니다. 하나님은 가난하고 인색하신 분이 아닙니다. 사도바울은 우리가 믿는 하나님은 모든 충만하신 것으로 충만하게 하시는 하나님이라고 하였습니다. 우리의 구하는 것을 채우시더라도 구하는 것만 주시는 분이 아니라 우리가 구하는 것이나 생각하는 것 이상으로 더 넘치도록 능히 주시는 하나님이라고 하였습니다(엡3:20).

우리의 삶에는 많은 고민이 있습니다. 경제는 어려워 점점 먹고 살기 힘들어 지고, 육신은 점점 쇠약해지고, 자식은 어떻게 키워야 하는지 여러 가지 고민이 있습니다. 이럴 때 우리는 무엇을 위해 기도를 해야 할까요? 감옥에 갇혔던 사도바울이 오늘 우리에게 그 답을 주고 있습니다. 속사람이 강건해 지기를 위해서 기도하고, 믿음으로 그리스도께서 우리 마음에 계시기를 기도하며, 사랑 안에서 능히 모든 성도와 함께 지식에 넘치는 그리스도의 사랑을 깨달아 하나님의 모든 충만하신 것으로 충만해 지기를 위해서 기도하는 것입니다. 성도는 평생 사는 날 동안에 아무리 힘들고 가난하고 어려워도 이 기도를 해야 합니다. 그렇게된다면 우리의 속사람은 강건해져서 요동치지 않을 것이고, 두 마음을 품지 않고 믿음으로 예수 그리스도를 모시고 주의 사랑 안에서 뿌리를 내릴 것입니다. 또한 다른 사람들과 나눌 수 있도록 충만하게 하시는 하나님의 은혜가 임하여 나 한 사람만 만족하는 삶이 아니라 세계 열방까지 나누어 줄 것이 있는 삶을 살게 될 것입니다.

◇◇◇◇◇
함께 하는 기도

하나님, 사도바울이 감옥에서 성도를 위해 무엇을 간
구해야 할지 알았던 것처럼 우리에게도 무엇을 위해
간구해야 할지 알게 하여 주옵소서. 우리 속사람이 강
건하게 하시고 믿음을 충만하게 하시는 은혜를 주옵
소서.
예수님의 이름으로 기도합니다. 아멘.

5

에스라의 회개기도를 통해 본 진정한 회심

(에스라 9:5~15)

이스라엘 하나님 여호와여 주는 의로운도소이다
우리가 남아 피한 것이 오늘날과 같사옵거늘
도리어 주께 범죄하였사오니 이로 인하여 주 앞에 한 사람도
감히 서지 못하겠나이다 (스9:15)

남 유다 왕국을 패망시킨 바벨론이 메대와 바사(페르시아) 왕국에 의해 멸망한 후(단 5:28) 그곳에서 포로 생활을 하던 유다의 백성들은 바사 왕 고레스의 포로 귀환령에 의해 세 번에 걸쳐 예루살렘으로 귀환했습니다.

하나님께서는 오랜 시간 포로생활을 했던 유대인들에게 선민의식을 회복시켜 주시기 위해 성전건축과 신앙개혁이라는 두

가지 미션을 주셨습니다. 예루살렘으로 돌아온 유대인들은 주변 국들의 방해 속에서 성전을 재건했고 두 번째 포로귀환의 지도자이자 율법학사였던 에스라는 하나님의 율법을 백성들에게 읽어주며 그에 맞는 삶을 살아야 한다고 가르쳤습니다. 그런데 어느 날 에스라는 일부 이스라엘 백성과 제사장 그리고 레위 사람들이 이방 민족과 결혼하였다는 말을 듣게 되었습니다. 하나님께서는 이방의 우상을 섬기게 될 것을 경계하셨기 때문에 통혼을 금지하시며 이방 민족과의 결혼을 하나님 앞에 범죄하는 것이라고 하셨지만 이 일에 백성의 지도자들과 관리들이 앞장섰던 것입니다.

하나님을 믿는 사람이 결혼상대를 선택하는 조건으로 신앙보다 재산이나 학벌, 집안을 우선시 한다면 부부가 걸어가고자 하는 길이 달라서 갈등을 겪게 됩니다. 주일이 되면 한 사람은 예배드리러 가려고 하고 한 사람은 휴가를 즐기고 싶어서 서로 갈등을 겪다가 결국에는 교회를 선택하든지 가족을 선택하든지 양자택일을 하라는 소리까지 듣게 됩니다. 사랑이라는 이유로 평생 동안 끌려 다니는 삶을 살게 되는 것입니다. 세상에서 살 동안도 그렇지만 죽음 앞에서는 천국으로 갈 자와 지옥으로 갈 자로 구분됩니다.

에스라는 이스라엘 백성이 이방사람과 통혼하여 자식까지 낳았다는 이야기를 듣고 슬퍼서 옷을 찢고 머리와 수염을 뜯으며 비탄에 잠겨 주저앉아 버렸습니다. 에스라는 율법학사로서 하나님께서 이스라엘 민족을 왜 바벨론에 포로가 되게 하셨는지 그 고난의 원인을 잘 알고 있었습니다. 그리고 예루살렘으로 귀향하여 다시는 과거와 같이 하나님 앞에서 죄를 짓지 말자는 거룩한 열망이 있었는데 백성들의 통혼 이야기를 듣게 된 것입니다. 에스라는 저녁까지 슬픔과 비탄에 빠져 주저앉아 있다가 하나님 앞에 회개기도를 하기 시작했습니다.

저녁 제사를 드릴 때에 내가 근심 중에 일어나서 속옷과 겉옷을 찢은대로 무릎을 꿇고 나의 하나님 여호와를 향하여 손을 들고 말하기를 나의 하나님이여 내가 부끄러워 낯이 뜨뜻하여 감히 나의 하나님을 향하여 얼굴을 들지 못하오니 이는 우리 죄악이 많아 정수리에 넘치고 우리 허물이 커서 하늘에 미침이니이다 우리의 열조 때로부터 오늘까지 우리 죄가 심하매 우리의 죄악으로 인하여 우리와 우리 왕들과 우리 제사장들을 열방 왕들의 손에 붙이사 칼에 죽으며 사로잡히며 노략을 당하며 얼굴을 부끄럽게 하심이 오늘날 같으니이다 이제 우리 하나님 여호와께서 우리에게 잠간 은혜를 베푸사 얼마를 남겨두어 피하게 하신 우리를 그 거룩한 처소에 박힌 못과 같게 하시고 우리 눈을 밝히사 우리로 종노릇 하는 중에서 조금 소성하게 하셨나이다 우리가 비록 노예가 되었사오나 우리 하나님이 우리를 그 복역 하는 중에 버리지 아니하시고 바사 열왕 앞에서 우리로 긍휼히 여김을 입고 소성하여 우리 하나님의 전을 세우게 하시며 그 퇴 락한 것을 수리하게 하시며 유다와 예루살렘에서 우리에게 울 을 주셨나이다 우리 하나님이여 이렇게 하신 후에도 우리가 주 의 계명을 배반하였사오니 이제 무슨 말씀을 하오리이까 전에 주께서 주의 종 선지자들로 명하여 이르시되 너희가 가서 얻으 려하는 땅은 더러운 땅이니 이는 이방 백성들이 더럽고 가증한 일을 행하여 이 가에서 저 가까지 그 더러움으로 채웠음이라 그 런즉 너희 여자들을 저희 아들들에게 주지 말고 저희 딸을 너희 아들을 위하여 데려오지 말며 그들을 위하여 평강과 형통을 영 영히 구하지 말라 그리하면 너희가 왕성하여 그 땅의 아름다운 것을 먹으며 그 땅을 자손에게 유전하여 영원한 기업을 삼게 되 리라 하셨나이다 우리의 악한 행실과 큰 죄로 인하여 이 모든 일을 당하였사오나 우리 하나님이 우리 죄악보다 형벌을 경하 게 하시고 이만큼 백성을 남겨 주셨사오니 우리가 어찌 다시 주 의 계명을 거역하고 이 가증한 일을 행하는 족속들과 연혼하오 리이까 그리하오면 주께서 어찌 진노하사 우리를 멸하시고 남 아 피할 자가 없도록 하시지 아니하시리이까 이스라엘 하나님 여호와여 주는 의롭도소이다 우리가 남아 피한 것이 오늘날과 같사옵거늘 도리어 주께 범죄하였사오니 이로 인하여 주 앞에 한 사람도 감히 서지 못하겠나이다 (스9:5~15)

에스라는 이스라엘 백성들의 죄악을 끌어안고 그들을 대신해서 하나님 앞에 회개했습니다. 그러자 이스라엘 백성들은 하나님의 성전 앞에서 통곡하며 회개하는 에스라의 기도소리를 듣고 모여들었습니다. 그리고 자신들의 죄를 인정하며 에스라에게 어떻게 해야 할지 행할 바를 알려 달라고 했습니다. 에스라는 백성들의 죄악을 슬퍼하며 아무것도 먹지도 않고 마시지도 않았습니다. 그리고 모든 귀환자들에게 3일 이내에 예루살렘으로 모이라고 공포하며 오지 않으면 전 재산을 몰수하고 귀환자의 모임에서도 쫓아내겠다고 했습니다. 성경은 백성들이 한 자리에 모인 때는 9월 20일로 비가 무섭게 쏟아지는 날이었다고 기록하고 있습니다. 폭우 속에서도 자신의 죄악의 심각성을 깨닫고 성전 앞에 모여 회개하며 신앙개혁의 결단으로 이방민족과의 관계를 끊고 이방 아내들을 모두 내보내기로 결의했습니다. 인간적으로 보면 매우 가혹한 일입니다. 그러나 에스라와 백성들은 신앙의 순수함을 지키기 위해서 방해되는 요소가 있다면 모두 다 버리기로 각오했습니다.

죄는 늪 같아서 빠지면 헤어 나올 수 없습니다. 그러나 그 죄악에서 빠져 나올 수 있는 유일한 길은 그 죄를 인정하는 것입니다. 죄는 우리에게 합리화를 요구합니다. '어쩔 수 없었잖아, 내일부터 잘하면 돼'라고 속삭입니다. 그러나 죄악을 인정하면 그 순간 자신의 잘못이 얼마나 큰지 보이게 됩니다. 그러나 죄악을 인정하지 않으면 '나만 그런 게 아니야. 다른 사람도 다 그래. 내가 뭘 그렇게 잘못했지?'라고 생각하며 합리화 합니다.

하나님께서 바벨론에서 포로생활을 하는 이스라엘 백성을 보호해 주신 것과 그들이 다시 예루살렘으로 돌아올 수 있도록 하신 것은 그들에게 기대함이 있었기 때문일 것입니다. 그러나 백성들은 다시 이방 여인과 통혼하면서 우상을 섬겼습니다. 정말 신앙생활 잘하고 싶어서 교회에 빠지지 않겠다고 다짐했는데 하나님을 믿지 않는 사람을 전도하겠다고 합리화하고 결혼하는 것과 같습니다. 결혼해서 함께 살면 믿지 않는 사람들의 말을 따라 갈 수밖에 없습니다. 그 방법이 훨씬 더 쉽고 빠르게 보이기 때문입니다. 하나님께서 이스라엘 민족에게 이방 족속과 결혼하지 말라고 하셨지만 이스라엘 백성들은 수십년의 포로생활을 하다가 돌아왔음에도 불구하고 이방의 우상을 섬겼습니다. 죄악 때문에 그렇게 고생을 하고 돌아와서 또 그 죄악을 범한 것입니다. 이 상황이 너무나 기가 막힌 에스라는 주저앉아 저녁까지 고개를 들지 못했습니다. 그리고 에스라의 통곡 소리를 듣고 모여 들었던 무리 중에서 스가냐가 나와 모든 사람 앞에서 죄악을 인정했습니다. 교회는 먼저 무릎 꿇어 회개하는 사람도 필요하고 자기의 잘못을 고백하는 사람도 필요합니다. 죄악을 덮어주는 것은 죄를 범한 사람뿐만 아니라 교회 전체를 죄악으로 물들게 합니다. 죄를 범하여 비참하게 되었을지라도 성도에게 소망이 있는 것은 회개할 수 있기 때문입니다. 말씀을 듣고 돌이킬 수 있기 때문에 소망이 있는 것입니다. 스가냐는 에스라에게 어찌 행할 바를 알려 달라고 했고 이스라엘 백성들은 에스라가 시키는 대로 하기로 맹세했습니다.

회개는 결단한 것을 행실로 옮기는 것입니다. 마음에서부터 죄를 정리하지 않고 행동하면 언젠가는 다시 그 죄악으로 돌아갑니다. 오늘부터 잘 해보겠다고 다짐했다가도 작은 일에 흔들립니다. 결단하기 위해서는 마음에 정리가 있어야 합니다. 마음에 정리를 한 사람은 결코 뒷걸음치지 않습니다. 에스라는 아내로 삼았던 이방 여인들을 쫓아내라고 했습니다. 이것은 참으로 가혹한 요구입니다. 인간적으로 보면 한 가정을 파탄시키는 것입니다. 그러나 모인 무리들은 에스라의 말을 따라 마땅히 그렇게 하겠다고 큰 소리로 대답했습니다. 마음에서부터 결단함이 없으면 할 수 없는 행동입니다. 하나님은 마음의 중심을 원하십니다. 죄악을 인정하는 사람만이 마음을 정리할 수 있고 회개할 수 있습니다. 그리고 어떻게 반응하고 어떻게 행동해야 할지 깨닫게 됩니다. 이처럼 에스라와 이스라엘 민족은 하나님으로 살아가겠다는 진정한 신앙의 개혁을 결단하였습니다. 에스라 한 사람의 기도로부터 시작한 회개는 이스라엘 온 백성의 신앙을 개혁하는 계기가 되었습니다. 그리고 멈춰져 있던 성전의 재건을 다시 힘 있게 만들었습니다.

정결한 그릇을 사용하길 원하시는 하나님, 어려운 환경을 벗어나고 싶은 마음만 있었지 하나님 앞에서 진정한 회개를 하지 못했음을 용서하여 주옵소서. 하나님께서 죄악을 들추실 때 합리화 하지 않게 하시고 죄악을 인정함으로 그 죄악을 이기게 하옵소서. 또한 이 세상에서 아끼고 사랑하는 것보다 우리의 마음에서 주님을 더욱 귀하게 모시게 하시고 하나님과의 관계를 우선하는 신앙으로 거듭나게 하옵소서. 우리 한 사람의 회개가 우리가 속한 교회와 나라가 신앙으로 바로 세워지는 밑거름이 되게 하옵소서.

예수님의 이름으로 기도합니다. 아멘.

6

하나님의 뜻을 받아들인 베드로

(사도행전 10:9~16)

베드로가 가로되 주여 그럴수 없나이다 속되고 깨끗지 아니한 물건을
내가 언제든지 먹지 아니하였삽나이다 한데
또 두번째 소리 있으되 하나님께서 깨끗게 하신 것을
네가 속되다 하지 말라 하더라 (행10:14~15)

    갓난아이는 우유를 먹어야 합니다. 그런데 그 아이가 자라서 우유를 떼야 하는데도 계속 우유만 먹겠다고 한다면 그 아이는 정상적으로 성장할 수 없습니다. 하나님께서는 우리가 처음 예수를 믿기 시작할 때 무조건적인 은혜와 사랑으로 우리를 감싸 주십니다. 부모가 갓난아이를 대할 때 대소변을 아무데나 싸도 무조건 사랑해 주는 것과 같습니다. 그런데 아이가 커서 대소

변을 가릴 때가 오면 화장실 사용을 가르치고 그래도 잘 하지 못하면 책망하기도 합니다. 부모의 사랑이 한결같지 않아서 책망하고 훈육하는 것이 아니라 그 아이의 육체가 성장하는 만큼 생각과 행동도 함께 자라야 하기 때문에 교육시키는 부모의 사랑입니다. 부모가 진정 자식을 사랑하는 것은 무조건 감싸 주는 것만이 아닙니다. 스스로 생각할 수 있도록 교육하고 장성해서는 독립할 수 있도록 가르치는 것도 포함합니다. 이처럼 부모의 사랑은 자식이 성장하고 성숙할수록 그를 대하는 방식이 달라집니다. 그런데 자식입장에서는 어제까지는 용돈도 잘 주더니 왜 스스로 돈을 벌라고 하는지, 왜 혼자 음식을 해보라고 하는지 불만스러울 때가 있습니다.

이 시대를 살아가는 그리스도인들도 마찬가지입니다. 처음 예수를 믿기 시작할 때는 하나님께서 믿음의 증거를 주시기 위해서 때로는 꿈이나 환상으로 말씀하시고 때로는 기적과 능력을 체험하게 하실 때가 있습니다. 교회 안에서는 먼저 믿은 성도들로부터 많은 사랑을 받게 하시고 대접받게 하십니다. 그런데 신앙생활을 하면 할수록 하나님께서는 스스로 알아서 할 수 있는 신앙으로 발전시켜 가십니다. 이 때 어리석은 사람들은 내가 처음 예수 믿을 때는 기적과 능력도 체험하고 그랬는데 지금은 하나님의 사랑이 식어졌다고 말합니다. 또 교회에서 사랑받아 좋았던 것만 추억합니다. 그러나 하나님께서는 좀 더 성숙한 신앙으로 우리를 인도하십니다. 어제까지 사랑받고 은혜 입는 자리에 있었다면 이제는 어느 누군가를 사랑하고 은혜를 끼치는 자리에 두십니다.

> 이튿날 저희가 행하여 성에 가까이 갔을 그 때에 베드로가 기도하려고 지붕에 올라가니 시간은 제 육시더라 시장하여 먹고자 하매 사람이 준비할 때에 비몽사몽간에 하늘이 열리며 한 그릇이 내려오는 것을 보니 큰 보자기 같고 네 귀를 매어 땅에 드리웠더라 그 안에는 땅에 있는 각색 네 발 가진 짐승과 기는 것과 공중에 나는 것들이 있는데 또 소리가 있으되 베드로야 일어나 잡아 먹으라 하거늘 베드로가 가로되 주여 그럴 수 없나이다 속되고 깨끗지 아니한 물건을 내가 언제든지 먹지 아니 하였삽나이다 한대 또 두 번째 소리 있으되 하나님께서 깨끗케 하신 것을 네가 속되다 하지 말라 하더라 이런 일이 세번 있은 후 그 그릇이 곧 하늘로 올리워 가니라 (행10:9~16)

가이사랴에는 고넬료라고 하는 로마 군대 이탈리아 부대의 장교가 있었습니다. 그는 비록 이방사람이었지만 경건하여 온 집으로 하나님을 경외하였으며 가난한 유대인들을 많이 구제하고 하나님께 항상 기도했습니다. 하루는 그가 기도하는 중에 하나님의 사자가 들어와 사람들을 욥바로 보내서 베드로를 초청하라고 하는 환상을 보았습니다. 고넬료는 하나님의 말씀을 따라 베드로를 청하기 위해 하인들을 보냈습니다. 한편 베드로는 그가 믿고 있는 율법을 따라서 육시에 기도하러 갔습니다. 육시는 정오 열두시입니다. 베드로는 다른 유대인들처럼 시간을 정해놓고 삼시와 육시와 구시에 하나님께 기도했습니다. 그리고 레위기 11장의 율법에 따라서 먹지 말아야 할 것을 철저하게 지켰습니다. 그는 비록 예수를 믿으며 오순절 마가의 다락방에서 성령의 은혜를 입었지만 여전히 그의 사고방식은 구습의 신앙에 매여 있었습니다. 이방인들과 교류하지 않고 율법을 지키는 것이 곧 자신을 지키는 것이라고 생각하는 폐쇄적인 신앙생활을 하고 있었습니다.

하나님의 사람들은 많은 사람들을 향해 나갈 수 있어야 합니다. 사도행전을 보면 사도들은 핍박과 위협이 있어도 복음을 들고 나갔습니다. 그리고 하나님께서는 기적과 능력과 표적으로 그들을 지켜 주셨습니다. 하나님의 사람은 자신의 신앙을 스스로 지키려고 애쓰는 것이 아니라 우리의 삶을 주관하시는 하나님을 믿고 신뢰해야 합니다.

우리가 교회를 다니는 것도 하나님께서 교회 나갈 수 있도록 우리의 발걸음을 인도하셨기 때문에 가능한 것입니다. 때로는 내가 교회를 가는 것처럼 생각되지만 그렇게 할 수 있도록 우리의 마음과 환경을 조성하신 분이 하나님이십니다. 우리의 신앙은 스스로 지키고자 하면 퇴보하고 맙니다. 물질도 마찬가지입니다. 내가 내 손에 들고 있는 재물을 지키고자 하면 이기적으로 변합니다. 그런데 하나님께서 우리의 재산을 지켜주시면 그 어떤 것에도 재물이 헛되게 새어 나가지 않도록 은혜를 주십니다. 성도는 자신의 신앙, 물질, 자녀 등 자신에게 있는 모든 것을 걱정하기보다 하나님께서 지켜 주시기를 위해 기도해야 합니다. 우리가 우리 힘으로 자식을 지키려고 하면 잔소리만 늘게 됩니다. 또 스스로 건강을 지키려고 하면 힘들고 어려운 일은 피하게 됩니다. 그러나 스스로를 지키려고 하는 것은 결코 신앙이 아닙니다.

이 시대를 살아가는 많은 그리스도인들은 너무나 나약해져서 하나님께서 우리를 지켜주시기를 기도하지 못하고 스스로를 지키기 위해서 고군분투합니다. 자신의 영적인 상태를 지키려고 사람을 가려서 만나고, 자신의 돈을 아끼려고 옹졸해지고, 자기 자존심을 지키려고 교만해지며 자녀들을 지키려고 잔소리가 늘어납니다. 그러나 이 모든 것은 하나님께서 지켜주시는 것입니다. 이스라엘 백성들은 애굽을 떠나 가나안에 가기까지 사십년 동안 옷과 신발이 닳지 않았습니다(신29:5). 하나님께서 지켜주셨기 때문에 가능했습니다. 하나님이 지켜주실 때 물질을 지배할 수 있고 하나님이 지켜주실 때 자녀가 하나님을 알아갑니다. 우리는 스스로를 지키기 위해서 전전긍긍하는 신앙이 아니라 하나님께서 지켜주시기를 간구하는 기도의 마음을 가져합니다. 오늘 우리가 추구하는 사명, 우리가 있는 교회나 가정, 우리가 속한 나라 등 이 모든 것은 하나님께서 지켜주셔야 하는 것입니다.

이처럼 베드로가 율법에서 금지한 것을 먹지 않는다고 그의 신앙이 지켜지는 것이 아니었지만 베드로는 환상 중에 주님께서 먹으라고 주신 것을 먹지 않겠다고 고집했습니다. 그러자 예수님은 "내가 깨끗하다고 한 것을 네가 어찌 부정하다고 할 수 있느냐"고 말씀하셨습니다. 베드로가 주님께서 주신 것들을 잡아먹을 수 있으려면 예수 그리스도 안에서 바라볼 수 있는 안목이 필요했습니다. 베드로는 똑같은 환상을 세 번이나 보았는데 하나님께서는 베드로에게 확신을 주시기 위해서 반복적으로 환상을 통해 말씀하셨습니다. 그러자 베드로는 자신에게 일어나는 일을 사소하게 바라보지 않고 자신이 본 환상을 토대로 바라보았습니다.

그리스도인은 모든 일들을 예수 그리스도 안에서 바라볼 수 있는 안목이 필요합니다. 우리가 과거에 살아왔던 삶의 방식이

나 기준을 통해서 바라보면 사람을 만날 때 그를 사랑하셔서 하늘 보좌를 버리시고 오셨던 예수 그리스도를 통해 볼 수 없습니다. 예수 그리스도의 안목으로 바라볼 때 사람의 생김새를 보고 판단하는 것이 아니라 예수를 만나지 못한 심령이 보이고, 물질에 매여 있는 심령이 보이고, 복음에 갈급한 심령이 보이며 상한 심령이 보이게 됩니다. 베드로가 이 환상을 보지 못했다면 고넬료가 보낸 사람이 찾아왔을 때 이방사람이라고 상대조차 하지 않았을 것입니다. 그러나 주님께서 보여주신 환상을 중심으로 사람을 만나자 이방인에게 복음이 전해지는 하나님의 뜻이 펼쳐졌습니다.

우리는 앞으로의 인생을 사는 동안 끊임없이 예수 안에서 바라보고자 해야 합니다. 예수 안에서 바라보면 상대방을 판단하기보다 섬기고 그를 위해 기도하는 인생이 될 것입니다. 그리스도 예수 안에서 넓은 마음이 생겨 예수 그리스도 안에서 잡아먹지 못할 것이 없게 될 것입니다. 우리의 좁은 고정관념으로 지나쳤던 것들이 하나님 안에서 귀하게 보이는 신앙으로 성장하여 하나님께서 뜻하신 비밀스러운 일들이 우리를 통해 드러나게 될 것입니다.

◇◇◇◇◇
함께 하는 기도

하나님, 우리가 예수 안에서 밝히 보지 못하기에 우리
자신만을 지키려고 어제의 구습에 매여 살았습니다.
사람들을 바라보며 그들의 연약한 허물만을 보고자
했던 것을 용서하여 주옵소서. 예수 그리스도 안에서
모든 것을 바라 볼 수 있는 복된 신앙이 될 수 있도록
축복하여 주옵소서.
예수님의 이름으로 기도합니다. 아멘.

7

사명을 감당하신 예수님의 기도 I

(누가복음 22:39~43)

가라사대 아버지여 만일 아버지의 뜻이어든
이 잔을 내게서 옮기시옵소서
그러나 내 원대로 마옵시고
아버지의 원대로 되기를 원하나이다 하시니 (눅22:42)

습관은 노력하거나 애쓰지 않아도 하게 되는 것입니다. 습관
이 중요한 이유는 어떤 습관을 갖고 있느냐에 따라서 삶이 달라
질 수 있기 때문입니다. 아침에 일찍 일어나는 습관, 책 읽는 습
관, 걷는 습관, 기도 습관 등 여러 습관이 있을 수 있지만 거룩한
습관을 갖는다면 우리의 영혼에 복이 될 것입니다.

예수님은 이 땅에 계실 때 기도하는 습관을 갖고 계셨습니다.

그리고 습관을 따라 감람산에 가셔서 기도하셨습니다(눅22:39). 감람산의 겟세마네 동산으로 가셔서 동행한 제자들에게는 시험에 들지 않기를 위해 기도하라고 하셨고 예수님은 아버지의 원대로 되게 해달라고 기도하셨습니다. 그리고 성경은 사자가 하늘로부터 나타나 힘을 도왔다고 기록하고 있습니다(눅22:43). 예수님은 간절히 기도하신 후에 아버지의 뜻대로 순종하는 십자가의 길을 걸어가셨습니다.

컴퓨터를 하는 습관이 있는 사람이 그것을 통해 좋은 것을 얻을 수도 있고 나쁜 것을 얻을 수도 있는 것처럼 어떤 의도와 생각을 가지고 컴퓨터를 사용하느냐가 컴퓨터를 사용하는 습관보다 더 중요합니다. 마찬가지로 기도하는 습관이 있다면 어떤 의식을 가지고 기도하는지가 기도 습관보다 더 중요합니다. 예수님은 기도하는 습관이 있으셨는데 그 기도 습관에는 분명한 의식도 함께 있었습니다. 그것은 기도하러 가시는 예수님을 따르던 제자들에게 하신 말씀에 잘 나타나 있습니다.

예수께서 나가사 습관을 따라 감람산에 가시매 제자들도 따라 갔더니 그 곳에 이르러 그들에게 이르시되 유혹에 빠지지 않게 기도하라 하시고(눅22:39,40)

예수님은 제자들에게 육신의 입장에서 하나님을 오해하고 시험에 드는 일이 없도록 유혹에 빠지지 않게 기도하라고 말씀하셨습니다. 예수님은 하나님의 아들이시고 하나님의 본체셨지만 예수님도 육신의 옷을 입고 있으셨기에 육신의 입장에서 하나님을 오해하지 않고자 경계하셨습니다.

우리의 삶을 뒤돌아보면 어린 시절에는 부모의 입장에서 보기 보다는 내 입장에서 부모의 잔소리가 귀찮았고, 학생 시절에는 스승의 입장에서 보기 보다는 내 입장에서 놀기에 바빴습니다. 교회에서는 하나님의 입장과 목회자의 입장에서 신앙생활 하기 보다는 내 스케줄에 맞춰진 신앙생활을 하고 싶어 했습니다. 자신의 입장만 고집할 때 상대와의 관계가 껄끄러워지는 것과 같이 성도가 시험에 드는 이유는 자신의 입장에서 하나님의 일을 바라보기 때문입니다. 그러나 예수님은 하나님께서 하시는 일에 대해서 육신의 입장, 인간의 입장에서 바라보지 않으셨고 자신을 사랑하시고 자신을 사용하시는 하나님의 입장에서 생각하고 하나님 아버지의 뜻이 이루어지기를 간구하셨습니다.

이처럼 성도에게는 기도하는 습관도 중요하지만 더 중요한 것은 자신의 입장에서 하나님을 바라보지 않기를 위해서 기도하는 것입니다. 이 의식이 없다면 돈이 필요한 사람은 무작정 돈을 달라는 기도밖에 하지 못합니다. 그러나 이 의식이 있는 사람은 자신의 형편을 하나님의 입장에서 보게 해달라고 기도할 것이고 자신의 뜻대로가 아니라 하나님의 뜻대로 되기를 위해서 기도할 것입니다. 예수님께서도 원하시는 바가 있었지만 '내 원대로 마시고 아버지의 원대로 되기를 원한다'고 기도하셨을 때 성경은 하나님의 사자가 예수님께 나타나 힘을 도왔다고 말씀하고 있습니다. 자신의 뜻만을 구하는 기도에는 능력이 없습니다. 그러나 하나님의 뜻대로 되기를 간구하는 기도에는 하나님의 사자가 나타나 돕는 역사가 있습니다.

신앙생활은 하나님과의 대립이 아니라 하나님의 뜻에 굴복하는 것입니다. 예수님은 사명 앞에서 마음에 고뇌가 있었지만 예수님의 기도에 있었던 분명한 의식은 자신의 뜻을 내려놓고 아버지의 뜻대로 되기를 원하며 하나님의 뜻에 자신을 굴복시키는 것이었습니다. 많은 사람들은 자신의 뜻을 하나님의 뜻에 굴복시키기 위해 기도하기보다 자신의 뜻을 관철시키기 위해서 기도합니다. 그러나 예수님은 하나님의 뜻 앞에 자신의 뜻이 굴복되기를 기도하셨고 하나님께서는 하늘로부터 하나님의 사자를 보내서서 예수님을 돕는 역사로 화답해 주셨습니다. 하나님께서는 우리가 인간적인 마음으로 결단하고 애쓰는 노력을 원하지 않으십니다. 하늘로부터 하나님의 힘을 덧입어 하나님의 방법대로 하기 원하십니다. 그러나 안타깝게도 많은 그리스도인들이 인간적인 결단과 노력과 시도로 하나님의 일을 하려고 합니다. 인간의 결단은 며칠 동안 에너지로 작용할 수 있습니다. 그러나 하나님께서 힘을 공급해 주셔야만 우리에게 주신 사명을 감당할 수 있습니다. 자신을 하나님의 뜻에 굴복시켜 생긴 빈자리에 하나님의 힘이 공급되기 때문입니다. 우리는 지금까지 우리의 뜻대로 되기를 원하는 마음으로 힘쓰고 살았습니다. 그러나 이제부터 우리의 뜻대로가 아니라 하나님 아버지의 원대로 되기를 위해 기도한다면 하늘로부터 사자가 나타나서 예수님을 도왔던 것처럼 하나님의 사자가 돕는 놀라운 역사가 우리의 삶에 있을 것입니다.

◇◇◇◇◇
함께 하는 기도

하나님, 인간의 힘이 아니라 하나님의 힘으로 살아가기를 원합니다. 우리의 힘은 결단하고 노력하고 견디고 참는 것이지만, 하나님의 힘은 하나님의 원대로 하나님의 뜻대로 살아가고자 기도할 때 하나님께서 인간이 헤아릴 수 없는 힘으로 축복해주시는 것인 줄 믿습니다. 우리가 그 기도를 할 수 있도록 주장해 주시고 하나님의 뜻을 구할 때 하나님의 힘을 허락하여 주옵소서.

예수님의 이름으로 기도합니다. 아멘.

8

사명을 감당하신 예수님의 기도 Ⅱ

(마태복음 26:36~45)

다시 두번째 나아가 기도하여 가라사대
내 아버지여 만일 내가 마시지 않고는
이 잔이 내게서 지나갈 수 없거든
아버지의 원대로 되기를 원하나이다 하시고 (마26:42)

    우리는 세상에서 살면서 다양한 인간관계를 맺고 도리와 의무를 하려고 노력하며 삽니다. 부모와 자식의 관계, 친구 관계, 은사 관계, 직장에서의 상하 관계 등 많은 관계 속에서 자신의 위치에 따라 처신하려고 합니다. 그러나 신앙인이라면 일차적으로 하나님께서 나를 부르신 목적과 그 목적을 이루기 위해서 나의 자리는 무엇인지 생각해 보아야 할 것입니다.

이 땅에 오신 예수님은 자신이 누구인지를 분명히 아셨고 하나님 아버지께서 자신에게 어떤 사명을 부여하셨는지 명확하게 알고 계셨습니다. 그리고 그 사명을 감당하기까지 어떤 고난과 역경이 있을 것도 알고 계셨습니다. 겟세마네 동산에서 하셨던 기도는 사명 앞에서 감당할지 말지를 놓고 갈등하는 기도가 아니라 심령으로 느껴지는 고난 앞에서 고통을 느끼며 드리는 간구였습니다. 갈등은 내가 할지 말지 고민하다가 차선의 선택까지 고려하는 것이지만 예수님은 사명 앞에서 갈등하지 않았습니다. 우리가 사명을 감당하는데 있어 이성으로 결단하고 행하는 것은 진정한 사명이라고 할 수 없습니다.

진정한 사명이란 그 사명을 위해 나를 부르신 분이 하나님이시고, 그 사명을 내게 주신 분이 하나님이라는 것을 아는 것이며, 나의 이성의 결단과 노력이 아니라 하나님으로 감당하고자 하는 것입니다. 즉, 사명은 하나님의 영적인 공급이 있어야지만 감당할 수 있는 것입니다. 그런데 이 시대의 그리스도인들은 자신이 사명을 선택하고 인간적인 방법으로 이루려고 합니다. 겟세마네 동산에서 고뇌에 찼던 예수님의 기도는 한 인간의 고뇌로 끝나지 않았습니다. 사명자로서 사명을 감당하고자하는 고뇌가 되었을 때 하나님의 사자가 내려와 힘을 도왔습니다(눅22:43).

하나님의 사람들은 하나님께로부터 부여받은 사명을 알아

야 합니다. 신앙생활을 시작하며 개인적이고 주관적으로 주님을 만난 후에는 성경을 통해서 객관적으로 주님을 만나야 하고 성경 안에서 하나님을 만났다면 사명 안에서 다시 하나님을 만나야 합니다. 그런데 아직도 많은 성도들이 신앙의 어린아이와 같이 개인적으로 만나는 하나님을 더 소중하게 여깁니다. 성경에서 다시 하나님을 알아가야 하는데도 개인적이고 주관적인 감동으로 만난 하나님만을 고집합니다.

모세도 미디안 땅에서 40여년을 양치는 사람으로 지냈습니다. 애굽에서 왕족으로 최고의 교육을 받고 왕족의 문화가 몸에 익은 사람이 40년 동안 미련하게 보일정도로 양들을 쳤습니다. 후에 모세는 그런 환경을 겪게 하신 이유가 자신에게 부여하신 사명 때문이라는 것을 깨닫습니다. 만약 모세가 미디안에서 만났던 하나님, 떨기나무에서 자신을 부르셨던 하나님만 고집했다면 자신을 단련하시고 더 큰 비전을 향해 인도하시는 하나님은 깨닫지 못했을 것입니다.

그런데 안타깝게도 믿음이 있다고 하는 사람들이 개인적으로 만났던 자신의 하나님만 집착하고 그것이 전부인 것처럼 신앙생활을 합니다. 자기만의 착각에 빠져서 다른 성도들과는 하나 될 수 없는 자기만의 하나님을 부르며 삽니다. 자신이 만났던 주관적인 하나님이 성경보다 높아져서 성경이 무엇을 말씀하고 있는지 알려고도 하지 않아 성경 말씀 앞에서도 자신을 고집합니다. 그리스도인들은 성경에서 하나님을 만나야 합니다. 영혼과 생명을 살리기 위해서 광대하게 일하시고 복합적으로 일하시는 웅장하신 하나님을 성경에서 다시 만나야 합니다. 그리고 우리의 삶에서 체험하며 개인적으로 만났던 하나님을 성경에서 다시 만나야 합니다. 성경에서 만난 하나님은 '진리를 알찌니 진리가 너희를 자유케 하리라(요8:32)' 약속하셨던 말씀과 같이 우리를 자유하게 하십니다. 그렇게 만난 하나님은 말씀 안에서 내게 부여하신 사명을 깨닫게 하시며 사명 안에서 내게 병기와 능력과 권세와 힘이 되십니다.

예수님은 아버지 하나님께서 부여하신 사명이 무엇인지 잘 아셨습니다. 그리고 겟세마네 동산에서 기도하실 때 앞으로 겪게 될 영적인 고난의 무게가 느껴져 심히 괴로워하셨습니다. 예수님이 제자들을 깨우시며 기도하라고 하셨지만 제자들은 영적인 고통이 느껴지지 않았기에 깨어 있을 수 없었습니다. 예수님은 밀려드는 영적인 고통이 너무 크기에 '아버지여 만일 할만 하시거든 이 잔을 내게서 지나가게 하옵소서 그러나 나의 원대로 마옵시고 아버지의 원대로 하옵소서(마26:39)' 기도하셨습니다. 이 기도는 잘못 생각하면 사명을 감당하기 어렵다는 내적인 갈등처럼 보이지만 예수님은 결코 사명 앞에 갈등하지 않으셨습니다.

이 기도는 예수님께서 느끼신 영적인 고통이 얼마나 큰 것인지 보여주는 것입니다. 아버지께서 힘을 주시지 않는다면 감당할 수 없다는 마음입니다. 성도가 하나님께서 부여하신 사명을 깨닫는 것은 중요합니다. 그러나 그 사명을 인간적인 방법과 노력으로 감당하고자 하면 하나님의 영광이 나타나지 않습니다.

가룟 유다는 예수님의 제자로서 부름을 받았던 사람입니다. 그에게는 일차적으로 제자로서의 사명이 있었습니다. 그런데 그가 인간적인 마음으로 예수님을 따르다가 자기 욕심을 내세우게 되었고 예수님이 하시는 일이 자신의 입장에서 보기에 거슬려 예수님을 팔아넘기는 주인공이 되고 말았습니다. 베드로도 마찬가지입니다. 그에게도 예수님께 부여받은 일차적인 제자의 사명이 있었습니다. 베드로도 자신의 힘으로 예수님을 따르려고 하다가 예수님을 많은 사람들 앞에서 저주하고 부인하는 모습을 보일 수밖에 없었습니다. 베드로가 나빠서도 아니고 그가 사명이 없었기 때문도 아니었습니다. 사명을 자신의 힘과 방법으로 감당하고자 했기 때문입니다. 인간적인 방법을 동원하면 동원할수록 그 사명을 감당하지 못할 문제들이 찾아옵니다. 사명은 우리가 무엇을 잘해서 얻은 것이 아닙니다. 하나님께서 부여하신 것입니다. 다시 말해서 하나님께서 주시는 힘으로 감당해야 할 일입니다. 하나님께서 미디안 땅에 있던 모세를 애굽으로 가라고 부르셨을 때 모세의 반응은 나는 말재주가 없는 사람이 니 보낼만한 사람을 보내시라는 것이었습니다(출4:10~13). 모세는 하나님께서 자기를 혼자 애굽에 보낸다고 착각했습니다. 자신에 게 시키는 일이라고 생각했습니다. 그런데 하나님께서는 이미 모든 것을 다 준비하시고 모세를 부르신 것입니다. 하나님께서 함께 하시는 길에 모세는 하나님의 뜻에 순종만 하면 되는 일이 었습니다. 사명은 우리의 것이 아니라 하나님께서 우리에게 부 여하신 것이기에 하나님과 더불어 이루어 가는 것입니다. 예수 님은 사명을 감당하시기 위해 겟세마네 동산에서 땀이 핏방울이 되도록 기도하시면서 먼저 심령으로 십자가를 지셨습니다. 사명 은 육신으로만 감당하는 것이 아닙니다. 마음에서부터 사명을 감당해야 합니다. 그리고 마음으로 사명을 감당하는 것이 기도 입니다. 심령의 십자가를 지고 육신으로 나아갈 때 흔들리지 않 고 사명을 감당할 수 있습니다. 많은 그리스도인들이 심령의 십 자가를 지지 않고 육신으로 일이 닥쳐서야 감당하고자 합니다. 그러나 예수님은 겟세마네 동산에서 하나님 앞에서 영적인 십자 가를 먼저 지셨습니다. 그리고 그 기도 가운데 하나님의 사자가 하늘로부터 내려와서 돕는 역사가 있었습니다. 영적인 싸움에서 승리하신 후에 육신의 싸움도 이기셨습니다. 선교가 사명이라면 지금 눈에 보이는 일이 없고 어디를 가야할지 몰라도 영적인 사명을 감당하기 위해서 먼저 기도해야 합니다. 기도제목이 주어지면 그 때 가서야 기도하는 것이 아니라 지금 먼저 기도해야 합니다. 이처럼 사명은 하나님께서 우리에게 부여하신 것이지만 더 정확하게 말하면 우리의 힘으로 할 수 없는 영역입니다. 그렇기에 방관할 일이 아니라 하나님께 기도해야 합니다. 또한 사명은 영적인 길이기에 육신의 힘으로 걷고자 하면 고통이 따릅니다. 먼저 심령에서부터 영적인 십자가를 지고 영적인 싸움을 끝내고 걸어가야 합니다. 사명 안에서 하는 기도는 큰 능력이 될 것입니다.

함께 하는 기도

오늘도 우리를 사명의 길로 인도하시는 하나님 감사
합니다. 우리의 힘으로 감당하고자 했던 어리석음을
용서하시고 심령의 십자가를 지기 위해서 기도하게
하옵소서. 사명이 우리에게 고통이 아니라 권세가 되
고 능력이 되기를 소망합니다.
예수님의 이름으로 기도합니다. 아멘.

Part 4

성도의 기도생활

◇◇◇◇◇◇◇◇◇◇◇◇◇

1

기도생활

(데살로니가후서 3:1~5)

종말로 형제들아 너희는 우리를 위하여 기도하기를
주의 말씀이 너희 가운데서와 같이 달음질하여 영광스럽게 되고
또한 우리를 무리하고 악한 사람들에게서 건지옵소서 하라
믿음은 모든 사람의 것이 아님이라 (살후3:1~2)

사람이 숨을 쉬는 것을 멈추면 살 수 없듯이 성도에게 기도는 멈출 수 없는 것입니다. 기도는 하나님을 인정하기에 주께 의탁하고 요청한다는 의미입니다. 사람들은 최선을 다하다가 더 이상 안 되면 포기합니다. 또 자신이 할 수 없다고 판단이 되면 처음부터 시도하지 않기도 합니다. 그러나 성도는 내가 할 수 없는 범위의 일 앞에서도 기도하고 내가 할 수 있는 범위의 일 앞에서

도 기도해야 합니다. 이것이 하나님을 인정하는 자세입니다.

바울은 종말론을 잘못 이해하여 현실 도피적인 생각을 가졌던 데살로니가 교회의 성도들에게 기도생활에 대해 권면했습니다. 먼저 말씀을 전하는 자들을 위해서 기도하라고 했습니다. 하나님의 말씀을 전하는 목회자가 아무리 좋은 말씀을 전한다고 해도 그도 사람이기에 불완전합니다. 하나님 한 분만이 완전하시고 완벽하십니다. 그렇기에 말씀을 듣는 성도들은 말씀을 전하는 자를 위해 기도해야 합니다. 2절에는 더 구체적으로 무엇을 위해 기도할지를 알려 주었습니다.

> 또한 우리를 무리하고 악한 사람들에게서 건지옵소서 하라 믿음은 모든 사람의 것이 아님이라 (살후3:2)

바울은 심술궂고 악한 사람들에게서 말씀 전하는 자들이 벗어날 수 있도록 기도 요청을 했습니다. 이것은 핍박과 박해가 있는 현실을 도피하고자 주님의 재림을 기다렸던 데살로니가 교회 성도들에게 핍박과 박해 속에서도 현실을 도피하지 말고 기도로 구원을 요청하라고 가르치며 성도로서 본연의 자리를 지킬 것을 권면하고 있는 것입니다.

사단이 성도에게 어려움을 주는 목적은 기도하지 못하게 하려는 것입니다. 근심을 가져다줘서 기도하지 못하게 하고 걱정 거리가 생겨서 기도하지 못하게 하고 육신을 피곤하게 몰아가서 기도하지 못하게 막습니다. 그러나 성도는 어디에 있든지 기도생활에 충실해야 합니다. 따로 시간을 내서 기도하지 못한다면 일상의 생활 중에서라도 기도해야 합니다. 자신의 삶을 내어 맡기는 의탁의 기도도 하고, 주님께서 오셔서 다스려 달라고 하나님을 요청하는 기도도 해야 합니다. 또한 악한 영들을 향해서 대적의 기도도 하고 하나님의 뜻을 향해 더욱 정진하고자 하나님의 기름부음을 위한 기도도 해야 합니다. 그러면 힘이 납니다. 바울은 데살로니가 성도들을 향해서 종말이 온다고 도피할 것이 아니라 하나님께서 구원해 주시기를 위해 기도하고 어떤 위기 속에서도 각자가 있어야 할 위치에서 도리를 다해야 한다고 권면하였습니다. 그러면서 자신도 불완전하기에 자신을 위해서도 기도하라고 요청을 하고 있습니다. 그리고 현실을 도피하지 말고 감당할 은혜를 주시기를 위해 기도하라고 권면했습니다.

성도는 도피하고 싶은 현실을 만나더라도 뒷걸음질 쳐서는 안 됩니다. 포기해서는 안 됩니다. 자신이 있어야 할 위치에서 하나님 앞에서 의탁과 요청의 기도를 해야 합니다. 하나님께서 할 수 없는 중에라도 감당 할 수 있는 은혜를 주실 것입니다. 하루를 시작하고 마무리 하며 하나님께 의탁의 기도를 드리는 것은 하루의 삶을 돌아보고 우리의 삶을 하나님께 맡기는 것입니다. 아침에 눈을 떠서 주님의 힘으로 하루를 시작하고자 기도하고 주님을 요청한다면 그 하루를 살면서 주님의 간섭하심을 느낄 수 있을 것입니다. 매사를 우연으로 여기지 않고 만물과 만사를 다스리시는 하나님을 인정할 수 있을 것입니다. 자신의 삶을 의탁하고 주님을 요청하는 기도는 성도에게 꼭 필요한 기도입니다. 우리의 삶은 기도의 삶이 될 것이고 동시에 그 기도의 응답을 받는 삶이 될 것입니다. 그 응답은 우리가 기도한 대로 이루어 주셨다는 의미보다는 주님께서 우리의 기도를 들으시고 우리의 인생을 책임져 주시는 은혜로 함께하신다는 의미입니다.

바울은 믿음이 모든 사람의 것이 아니라고 하였습니다(살후 3:2). 오직 하나님을 믿는 주님의 백성들의 것입니다. 믿음이 있는 사람이 되고 기도하는 삶이 된다면 범사에 주님을 의탁하고 요청하는 기도 가운데 하나님의 놀라우신 평강의 은혜가 임하게 될 것입니다.

◇◇◇◇◇
함께 하는 기도

하나님, 우리의 삶이 기도의 삶이기를 원합니다. 우리는 우리 힘으로 할 수 있는 것만 하려고 하지만 하나님의 역사는 우리가 할 수 없는 것도 이루시는 것인 줄 믿습니다. 하나님 앞에 끊임없이 엎드려 하나님을 요청하게 하시고 주님께 모든 것을 의탁하는 마음을 허락하여 주옵소서. 할 수 없는 중에라도 기도하게 하사 하나님의 은혜를 입게 하여 주옵소서. 우리 힘으로 할 수 없는 것을 볼 때가 기도해야 할 때인 줄 믿습니다. 기도할 때 우리의 영안이 열어져서 할 수 없는 자신을 보는 것이 아니라 할 수 있게 하시는 하나님의 전능하신 능력을 심령에서부터 만나게 하여 주옵소서.
예수님의 이름으로 기도합니다. 아멘.

2

성도의 교제와 기도

(야고보서 5:13~20)

이러므로 너희 죄를 서로 고하며
병 낫기를 위하여 서로 기도하라
의인의 간구는 역사하는 힘이 많으니라 (약5:16)

교회는 성도들의 교제를 통하여 성장하고 하나님의 영광을
드러냅니다. 그런데 잘못하다가는 교제 때문에 교회 안에 반목
이 생기고 당파가 생기는 안타까운 결과를 낳게 됩니다. 사단은
교회를 무너뜨리기 위해서 성도들의 교제가 끊어지게 만듭니
다. 목회자의 말씀을 듣지 못하도록 방해해서 말씀을 전하는 자
와 듣는 자의 교제가 끊어지게 만들고 사람의 실수가 크게 보이

게 해서 자신을 위해 기도해주는 사람과의 교제를 끊어지게 만듭니다. 성도가 교제해야 하는 이유는 교제 중에 서로의 신앙고백이 있어 그 가운데 역사하시는 하나님의 은혜가 운동력 있게 하여 하나님께서 영광 받으시도록 하기 위해서 입니다. 우리 주님께서도 성도의 모임 가운데 함께 하시겠다고 약속해 주셨습니다(마18:20). 하나님께서는 성도의 교제를 통해 말씀이 왕성해지고 기도가 살아나서 하나님을 더 깊이 알아갈 수 있게 되기를 원하십니다. 그렇기 때문에 사단은 성도가 모여서 하나님께서 의도하신대로 교제하지 못하도록 방해합니다. 사단은 세상일을 중심으로 수다 떨게 만들어 성도의 교제를 변질 시키고 서로의 허물과 약점을 들추어서 이간질시킴으로 성도의 교제가 끊어지게 합니다. 우리의 신앙을 가만히 되돌아보면 나 혼자 기도해서 성장한 것 같지만 어렵고 힘들 때마다 하나님께서 다른 성도들과 교제하게 하셔서 말씀을 공급해 주시고 함께 기도하게 하시고 지혜를 얻게 하셨습니다. 그러나 어떤 그리스도인들은 교회 안에서 교제하기를 꺼려합니다. 교회의 프로그램 때문에 모이기는 해도 진정한 성도의 교제 속으로 들어가기를 망설입니다.

스데반 집사가 순교한 이후로 예루살렘의 많은 사람들은 신앙을 버리고 흩어졌습니다. 그래서 야고보는 격분한 마음으로 진정한 믿음, 살아있는 믿음이 무엇이겠냐고 야고보서를 기록했습니다. 야고보는 행함이 동반되지 않는 믿음은 죽은 믿음이라고 야고보서를 맺으며 어떤 고난과 위기 가운데서도 성도는 교제해야 하는 것을 강조했습니다.

성도들은 서로 교제하되 우리에게 충고해 주고 우리의 생각을 검증해 줄 수 있는 신앙의 멘토와 같은 자들과 교제해야 합니다. 그리고 나와 함께 동역할 수 있는 사람과 교제해야 하며 우리가 신앙으로 이끌어 줄 수 있는 사람과의 교제가 있어야 합니다. 멘토와의 교제가 없으면 자신의 신앙생활이 모두 옳은 것처럼 보입니다. 자신이 기도하는 것과 자신이 보는 것이 모두 맞는 것 같은 착각과 우월감에 빠집니다. 신앙적으로 연약해 보이는 사람들을 가르치려고만 듭니다. 그러나 우리 자신보다 앞선 사람과 교제하면 우리가 우리 자신을 속이거나 합리화 시킬 수 없습니다. 또 동역의 교제가 없는 사람은 쉽게 지칩니다. 앞선 자와의 교제를 통해서 신앙의 깨달음은 있지만 내가 도움을 줘야 하는 미약한 사람만 있고 동역할 사람이 없으니 지쳐갑니다. 동역의 교제가 있어야 그를 통해서 나보다 나를 더 냉정하게 볼 수 있고 함께 하는 일에 대해서 자부심과 힘을 얻게 됩니다. 그리고 나보다 미약한 사람과 교제할 때는 그를 이끌어 줄 수 있음에 우리가 얼마나 소중한지 그 가치를 느끼게 됩니다.

그런데 사단은 성도간의 교제를 끊기 위하여 이기적으로 자기만 생각하게 합니다. 상대방의 허물과 약점만 보게 합니다. 신앙으로 권면해야 하는 말도 상대방의 눈치를 보며 하지 않게 합니다. 또 권면을 받는 자에게는 신앙의 말을 감정으로 받게 합니다. 폐쇄적인 신앙이 되어 아무리 예배를 드리고 말씀을 들어도 변화가 없게 만듭니다. 그래서 야고보는 우리에게 말하기를 고난 앞에서도 참된 그리스도인들과의 교제를 놓지 말라고 하였습니다.

신앙 안에서 우리에게 고난이 있고 위기가 있을 때는 우리를 위해서 기도해 줄 수 있는 사람과 교제하고 우리의 생각을 검증해 줄 수 있는 사람과 교제해야 합니다. 그럴 때 위기 속에서도 은혜가 있습니다. 그러나 힘들고 어려운 시기에 나의 신세한탄을 들어줄 사람만 찾아다닌다면 그 순간에는 내게 위로가 될지 몰라도 우리 영혼은 그 고난을 극복할 수 없습니다.

너희 중에 병든 자가 있느냐 저는 교회의 장로들을 청할 것이요 그들은 주의 이름으로 기름을 바르며 위하여 기도할찌니라 믿음의 기도는 병든 자를 구원하리니 주께서 저를 일으키시리라 혹시 죄를 범하였을찌라도 사하심을 얻으리라 이러므로 너희 죄를 서로 고하며 병 낫기를 위하여 서로 기도하라 의인의 간구는 역사하는 힘이 많으니라 엘리야는 우리와 성정이 같은 사람이로되 저가 비 오지 않기를 간절히 기도한즉 삼년 육개월 동안 땅에 비가 아니오고 다시 기도한즉 하늘이 비를 주고 땅이 열매를 내었느니라 (약5:14~18)

야고보는 질병을 치유하기 위해서 교회의 장로를 청하고 장로는 주의 이름으로 기름을 바르며 병든 자를 위하여 기도하라고 하였습니다. 장로는 교회에 덕을 세우는 자요 본을 보이는 자이며 기름은 유대인에게 있어서 치료의 행위에서 사용되었습니다. 장로를 청하여 기도를 받으라고 한 것은 의인의 기도는 그 힘이 크기 때문입니다. 똑같은 기도를 하더라도 우리가 자신을 위해서 기도하는 것보다 다른 사람이 나를 위해 기도하는 것이 더 큰 힘이 될 때가 있습니다.

하나님의 뜻대로 살려고 하는 사람의 기도는 하나님께서 기뻐하십니다. 그렇기 때문에 무엇을 위해서 기도하는가 보다 더 중요한 것은 하나님의 뜻대로 살려고 하는 마음 자세로부터 기도가 시작되어야 한다는 것입니다. 또 야고보는 죄를 서로 고하며 병 낫기를 위하여 서로 기도하라고 하였습니다. 죄를 자복하는 것은 하나님을 하나님으로 인정하는 것이고 나의 연약함을 솔직하게 인정하는 것입니다. 죄는 감추려고 들수록 더 큰 힘을 얻어 우리를 지배하지만 죄를 인정하고 자백하면 죄는 더 이상 우리를 다스리지 못하게 됩니다. 죄 때문에 계속 거짓말하고 변명하여 더 큰 죄를 지을 것 같으면 그 죄를 스스로 고백해야 합니다.

문제가 생긴 사람은 영적인 시야가 좁아져서 자기밖에 모르고 이기적이 됩니다. 그래서 야고보는 자신보다 생각이 더 깊고 더 의로워서 덕을 세울 줄 아는 장로를 청해서 기도를 받으라고 했습니다.

건강한 교회는 어떤 문제가 생겨도 성도들 간에 교제가 있어서 그 문제 때문에 시야가 어두워지지 않습니다. 문제 가운데서도 하나님께서 뜻하신 것이 무엇인지 생각하고 하나님께서 예비하신 것이 무엇인지 생각하는 시야를 가지고 기도합니다. 병이 들어도 단순하게 병 낫기만을 위해서 기도하는 것이 아니라 그 계기를 통한 하나님의 뜻하심이 무엇인지 또 병에서 회복된 후에 자신이 살아야 하는 삶은 어떤 삶인지를 위해 기도합니다. 문제 자체만 해결되기 위해 기도하는 것은 진정한 기도가 아닙니다. 병이 낫고 가난이 해결되어도 항상 자기 몸과 자기의 일 건사하기에 바쁜 삶을 살 수밖에 없습니다. 신앙적으로 성숙하고 교회에 덕을 세우는 사람을 청해서 기도하면 질병에 매여 있던 시야가 넓어져 하나님을 향해 나아갈 수 있는 동기가 됩니다. 그리고 마지막으로 배교에 대한 가르침을 전하고 있습니다.

내 형제들아 너희 중에 미혹하여 진리를 떠난 자를 누가 돌아서
게 하면 너희가 알 것은 죄인을 미혹한 길에서 돌아서게 하는
자가 그 영혼을 사망에서 구원하며 허다한 죄를 덮을 것이니라
(약5:19,20)

　　요즘 교회들은 이단에 빠진 자들을 무조건 교회에 들어오지
못하게 합니다. 그런데 교회 문을 걸어 잠근다고 이단 문제가 해
결되는 것은 아닙니다. 진정한 문제 해결은 이단이 들어와도 성
도들이 그것에 흔들리지 않을 수 있을 정도로 말씀 위에 견고하
게 서는 것입니다. 그러나 안타깝게도 요즘 성도들을 보면 자
신이 세상에서 잘 되기 위해서 신앙생활하기 바쁩니다. 말씀에
는 관심이 없고 먹고 사는 문제만을 위해 기도합니다. 그러나 야
고보는 말하기를 성도들이 진리 위에 견고하게 서서 미혹 받아
서 넘어진 자와 교제하여 그를 다시 돌아오게 하면 죽었던 영혼
을 살리는 것이라고 하였습니다. 우리의 자녀가 이단에 빠져 있
다면 그의 영혼을 살리기 위해서 기도하고 진리의 말씀을 전하
고 그를 찾아다닐 것입니다. 그러나 이단을 대하는 우리의 모습
은 문을 걸어 잠그고 나를 지키려는 것입니다. 야고보가 이야기
했던 교제는 고난을 이겨내기 위해서 성도 간에 힘이 되는 교제
요, 교회에 덕을 세우는 장로를 청하여 질병에 매여 있는 몸과 영

혼을 살리는 교제요, 비록 미혹된 사람일지라도 그와 교제함으로 그의 영혼을 살릴 수 있는 교제입니다. 이런 교제 가운데 있는 기도는 상대를 죄에서 떠나게 하며 하나님께서 부여하신 사명을 향해서 나가게 하는 힘이 됩니다.

◇◇◇◇◇
함께 하는 기도

사랑의 하나님, 우리의 삶이 주 안에서 은혜가 되기를 원합니다. 성도의 교제가 단절되고 무거운 짐이 된 것을 용서하여 주옵소서. 사단 앞에 속은 결과요, 이기적인 마음을 품은 결과인 줄 믿습니다. 병든 것이 있다면 신앙의 앞선자들을 초청해서 기도를 받아야 할진대 혼자 생각하고 혼자 기도하는 폐쇄적이고 교만한 신앙이었습니다. 용서하여 주옵소서. 고난이 있어도 성도들 간에 교제로 이겨내고, 질병이 있어도 장로를 초청하여 교제하기를 원했던 주의 마음을 헤아리게 하여 주옵소서. 또한 교제 없이 나 하나만을 지키기 위해서 혼자 있는 어리석은 자가 되지 않게 하시고 때로는 미혹되어서 흔들리고 넘어진 자와도 교제하게 하사 그들을 사망에서 생명으로 구원하는 길이 되게 하여 주옵소서.

예수님의 이름으로 기도합니다. 아멘.

3

참된 금식과 예배

(스가랴 7:1~7)

온 땅의 백성과 제사장들에게 이르라
너희가 칠십년 동안 오월과 칠월에 금식하고 애통하였거니와
그 금식이 나를 위하여, 나를 위하여 한 것이냐
너희의 먹으며 마심이 전혀 자기를 위하여 먹으며
자기를 위하여 마심이 아니냐 (슥7:5~6)

이스라엘 백성들은 바벨론의 70년 포로 생활 동안 매년 5월과 7월이 되면 특별금식을 했습니다. 5월은 예루살렘 성전이 바벨론에 의해 파괴되었던 달이었기에 금식했고 7월은 유다 왕국의 지도자 그달리야와 그를 따르던 사람들이 죽은 것을 기억하는 금식이었습니다. 바벨론이 유다를 정복했을 당시 유다에는 내분이 있어 바벨론에게 항복하자는 친바벨론파와 항복하지 말자는 반바

벨론파가 있었습니다. 바벨론은 유다 백성을 포로로 사로잡아 갔고 친바벨론파였던 그달리야에게 예루살렘의 관할을 맡겼습니다. 그러자 친애굽정책을 표방했던 반바벨론파에서 사람을 보내 그달리야와 유다 사람과 갈대아 사람을 죽였습니다. 그 후 백성들과 군대장관들은 갈대아 사람들의 보복이 두려워 애굽으로 도망쳤습니다. 남유다가 바벨론에게 멸망당하고 70년 동안 포로생활을 하는 것은 하나님께서 정해 놓으신 일이었고 율법에도 이스라엘 백성으로 애굽으로 돌아가게 하지 말라고 되어있지만 반바벨론파는 그달리야뿐만 아니라 그와 함께 미스바에 있는 사람들을 죽이고 애굽으로 도망갔습니다.

유다 땅에 머물러 있는 백성은 곧 바벨론 왕 느부갓네살이 남긴 자라 왕이 사반의 손자 아히감의 아들 그달리야로 관할하게 하였더라 모든 군대 장관과 그 좇는 자가 바벨론 왕이 그달리야로 방백을 삼았다 함을 듣고 이에 느다니야의 아들 이스마엘과 가레아의 아들 요하난과 느도바 사람 단후멧의 아들 스라야와 마아가 사람의 아들 야아사니야와 그 좇는 사람이 모두 미스바로 가서 그달리야에게 나아가매 그달리야가 저희와 그 좇는 자들에게 맹세하여 이르되 너희는 갈대아 신복을 인하여 두려워 말고 이 땅에 거하여 바벨론 왕을 섬기라 그리하면 너희가 평안하

리라 하니라 칠월에 왕족 엘리사마의 손자 느다니야의 아들 이
스마엘이 십인을 거느리고 와서 그달리야를 쳐서 죽이고 또 저
와 함께 미스바에 있는 유다 사람과 갈대아 사람을 죽인지라 대
소 백성과 군대 장관들이 다 일어나서 애굽으로 갔으니 이는 갈
대아 사람을 두려워함이었더라 (왕하25:22~26)

이제 적국에서 포로생활을 끝내고 고향으로 돌아온 유다 백
성들은 5월이 가까워 오자 여호와의 성전에 있는 제사장들과 선
지자들에게 사람을 보내어 포로생활 중에 지켜오던 5월 금식을
다시 해야 하는지 물었습니다. 그 때 하나님의 말씀이 선지자 스
가랴에게 임하여 이스라엘 백성들의 금식이 형식적인 것이었다
고 책망하셨습니다. 하나님께서는 형식적인 금식을 기뻐 받으시
지 않습니다. 이것은 이사야 58장에도 잘 나와 있습니다.

나의 기뻐하는 금식은 흉악의 결박을 풀어 주며 멍에의 줄을 끌
러주며 압제 당하는 자를 자유케 하며 모든 멍에를 꺾는 것이
아니겠느냐 또 주린 자에게 네 식물을 나눠 주며 유리하는 빈민
을 네 집에 들이며 벗은 자를 보면 입히며 또 네 골육을 피하여
스스로 숨지 아니하는 것이 아니겠느냐 (사58:6,7)

이스라엘 백성들은 포로생활을 하던 70년 동안 금식일을 정하여 울며 금식했지만 하나님 보시기에 그것은 그냥 밥을 굶는 것이지 참된 금식이 아니었습니다.

금식의 참된 의미는 여호와의 신앙을 회복하는 것입니다. 자신의 뜻을 내려놓고 하나님의 전적인 주권으로 바라볼 수 있는 은혜를 간구하는 것입니다. 그러나 백성들은 먹고 마시는 일을 즐거워하면서도 형식적으로 굶었습니다. 5월은 이스라엘의 신앙의 중심을 잡아주던 성전이 초토화 된 달이고 7월은 형제가 죽은 달입니다. 슬프고 가슴 아픈 날을 기억하는 것입니다. 그러나 하나님께서 보시기에 백성들의 금식은 그 의미를 상실하고 그냥 밥을 굶는 것이었습니다. 70년 동안 타국에서 매년 5월과 7월에 한 번도 빼놓지 않고 애통하며 금식했지만 하나님께서는 그 금식이 결코 하나님을 위하여 한 것이 아니었다고 말씀하셨습니다.

우리가 드리는 예배도 마찬가지입니다. 주일의 의미는 예수께서 십자가에 못 박혀 죽으시고 다시 부활하신 날을 기념하는 날입니다. 그렇기에 주일은 기쁘고 감사한 날이며 동시에 송구스러운 날이기도 합니다. 그러나 형식이 되어 버리면 그냥 예배 시간이 됐으니까 교회 의자에 앉았다가 예배 마치는 시간에 집으로 돌아가는 것이 됩니다. 오늘 이스라엘 백성들의 금식이 형식적이라고 말씀하셨던 하나님께서 우리의 예배도 형식적인지 아닌지 보고 계십니다. 예배에서 가장 중요한 것은 예배를 드리는 사람들의 마음가짐입니다. 누군가와 약속을 잡으면 그를 만나기 전에 거울을 보고 옷매무새를 바르게 하는 것과 같이 예배를 드리기 전에는 자신을 돌아보고 예배를 드려야 합니다. 성령께서 개입하시기를 요청해야 합니다. '성령님, 온전한 예배를 드릴 수 있도록 붙들어 주옵소서.' 형식이 아니라 우리의 마음을 드리는 것이 예배입니다. 마음에서부터 은혜를 회복하고 매 예배의 시간마다 하나님 앞에 진심으로 예배를 드리는 벅찬 은혜가 있어야 합니다. 이스라엘 백성들이 바벨론의 포로생활 70년 동안에 형식적으로 금식하며 울었던 모습들이 지금 예배를 드리는 우리 속에도 있다면 이제는 진심과 순수함을 가지고 정성을 다하여 하나님께 예배 드려야 합니다. 하나님께서 받으시고 기뻐하시며 인정해 주시고 칭찬해 주시는 복된 은혜가 우리에게 있을 것입니다.

◇◇◇◇◇
함께 하는 기도

사랑과 은혜가 풍성하신 하나님, 이스라엘 백성들이 바벨론에서 70년 동안 포로생활을 하면서 5월과 7월에 금식하며 애통했던 것들이 형식적인 것이기에 하나님이 받으시지 않으셨음을 말씀하심이 우리를 향한 말씀인 것 같습니다. 이제까지 상대방과 싸워 미움과 분한 마음을 가지고도 형식적으로 예배 드렸던 모습을 용서하여 주옵소서. 우리가 드리는 모든 예배와 금식이 하나님 앞에서 드리는 진심이 될 수 있도록 은혜를 주옵소서.

예수님의 이름으로 기도합니다. 아멘.

4

전도할 문을 열어 주소서

(골로새서 4:2~4)

또한 우리를 위하여 기도하되
하나님이 전도할 문을 우리에게 열어 주사
그리스도의 비밀을 말하게 하시기를 구하라
내가 이것을 인하여 매임을 당하였노라 (골4:3)

골로새 교회의 개척자였던 에바브라디도는 교회에 이단이
침투하자 그 소식을 로마의 감옥에 갇혀 있는 바울에게 알렸습
니다. 이에 바울은 이단에게 단호하게 대처할 것과 참된 그리스
도인으로서 신앙을 지킬 것을 권고하기 위해 골로새서를 기록하
였습니다. 바울은 골로새서 4장에 이르러 성도들이 마땅히 힘써
야 할 삶에 대해 언급하고 있습니다. 그 중 하나가 기도입니다.

기도에 항상 힘쓰고 감사함으로 깨어 있으라고 하면서 자신을 비롯하여 자신과 함께 있는 사람들에게 하나님께서 전도할 문을 열어 주시기를 기도하라고 권면했습니다. 바울은 언변이 뛰어난 사람이었습니다. 그리고 히브리 문학과 철학, 변증법 등 학문적인 소양이 뛰어난 사람이었기에 누구와 견주어도 언변으로 뒤지지 않았습니다. 그러나 바울은 전도는 설득의 말로 되지 않으며 말로 상대를 이겼다고 해서 결코 그 상대가 구원받는 것이 아닌 것을 잘 알고 있었습니다. 그래서 바울은 주께서 복음을 듣는 자들의 마음을 주장해 주셔서 어떤 말을 해도 그들이 깨달을 수 있게 기도해 달라고 이야기 하고 있습니다. 아무리 복음을 전한다고 해도 하나님께서 상대방의 마음을 주장해 주시지 않는다면 우리가 전하는 복음은 어느 누구도 받아들일 수 없습니다. 그렇기 때문에 전도하기에 앞서 어떤 말을 해야 하는지 준비하는 것보다 더 중요한 것은 상대방의 영혼을 위해 기도하는 것입니다. 이처럼 구원은 하나님의 권한입니다. 우리가 누군가에게 복음을 전하고 좋은 말로 설득한다 할지라도 구원은 하나님의 몫입니다. 우리는 사람을 교회로 데려올 수는 있지만 그가 교회에 왔다고 해서 구원 받았다고 볼 수는 없습니다. 그들은 전도하는 사람의 간청에 마지못해 교회에 왔을 수도 있고 혈육적인 관계 때문에 어쩔 수 없이 교회에 왔을 수도 있습니다. 그렇기 때문에 전도해서 교회에 왔다고 우리의 본분을 다한 것이 아닙니다. 그들을 위해 기도해야 합니다. 바울이 전도할 문을 열어달라고 한 것은 구원은 하나님께 있는 것이기에 자신의 힘으로 어떻게 할 수 없다는 것을 잘 알았기 때문입니다.

바울은 기도에 항상 힘쓰고 기도에 감사함으로 깨어 있으라고 권면했습니다. 전도할 때 상대방이 내 말을 잘 듣고 나를 잘 따르면 내가 전도해서 내가 구원한 것처럼 착각이 들 때가 있지만 구원은 철저하게 하나님의 몫이기에 성도에게는 겸손함이 있어야 합니다. 우리가 전도 대상자와의 만남에 앞서서 기도로 준비하고 진심으로 대한다면 그와의 만남이 기쁨이요 관심과 사랑이 전해지는 시간이 될 것입니다. 하나님의 사랑이 전해지면 우리가 전하는 복음을 들어 줄 마음이 생기고 그를 변화시킬 수 있는 은혜가 함께 합니다.

> 또한 우리를 위하여 기도하되 하나님이 전도할 문을 우리에게 열어 주사 그리스도의 비밀을 말하게 하시기를 구하라 내가 이것을 인하여 매임을 당하였노라 그리하면 내가 마땅히 할 말로써 이 비밀을 나타내리라 (골4:3,4)

바울은 주께서 왜 자신을 구속하여 주셨는지 잘 알고 있었습니다. 그러나 주님께서 주신 은혜는 그 은혜를 주신 하나님과 그 은혜를 받은 자만이 알 수 있는 비밀이기에 자신이 전하는 복음이 무슨 말인지 알아듣고 소통할 수 있는 사람이 없는 것을 안타깝게 여겼습니다. 그래서 바울은 그리스도의 비밀을 말할 수 있도록 전도할 문을 열어 달라고 기도해 주기를 요청했습니다.

영적인 비밀은 육신의 귀로만 들으면 깨달을 수 없지만 영적인 귀가 열리면 깨달을 수 있습니다. 그렇기 때문에 바울은 복음을 전하기에 앞서서 하나님께서 개입해 주시도록 기도부탁을 하였습니다. 우리도 마찬가지입니다. 전도하기에 앞서서 하나님의 개입을 요청해야 합니다. '하나님, 오늘 누구를 만나서 복음을 전하려고 합니다. 하나님 도와주세요. 제 말에 개인적인 것이 있다면 깨닫게 하시고 저의 감정이나 사심이 들어간 것이 있다면 돌아보게 해 주세요.' 이렇게 하나님께서 개입하시도록 기도했다면 복음의 말이 전해질 때부터는 하나님의 몫이 되고 내 입술의 말을 주장해 주시는 성령의 역사가 있을 것입니다. 바울은 복음을 전하는 전도에 철저하게 하나님께서 개입하시기를 간구했습니다. 그 결과 바울이 복음을 전할 때마다 하나님께서는 능력으로 함께 하셨고 바울이 하나님의 사람인 것을 친히 증거 하여 주셨습니다.

◇◇◇◇◇
함께 하는 기도

하나님, 바울이 전도할 문을 열어 달라고 기도했던 것처럼 구원은 하나님의 몫이며 우리는 연약하기 때문에 기도해야하는 줄 믿습니다. 전도하기에 앞서 기도로 준비하게 하시고 우리가 복음의 말을 전할 때마다 듣는 자들이 예수 그리스도를 영접할 수 있는 복된 기회가 되게 하옵소서. 또한 원근각지에서 선교하시는 선교사님들에게 전도할 문을 열어 주셔서 그리스도 예수의 비밀을 듣는 자마다 예수 그리스도를 영접하는 복된 기회가 되게 하옵소서.
예수님의 이름으로 기도합니다. 아멘.

5

절망 중의 기도

(열왕기하 4:1~7)

선지자의 생도의 아내 중에 한 여인이
엘리사에게 부르짖어 가로되
당신의 종 나의 남편이 이미 죽었는데
당신의 종이 여호와를 경외한 줄은 당신이 아시는 바니이다
이제 채주가 이르러 나의 두 아이를 취하여
그 종을 삼고자 하나이다 (왕하4:1)

기도는 성도들의 지혜이며 능력이 됩니다. 하나님께서는 지금도 기도하는 자들을 기억하시고 그들에게 복 주시기를 원하십니다. 성경이 소개하는 위대한 인물들을 보면 기도하지 않았던 사람은 한 사람도 없습니다. 하나님은 위대하시며 전능하십니다. 그 전능하심을 힘입어 위대한 삶을 살기 원하는 사람은 기도하는 삶을 살아야합니다.

엘리사가 살았던 시대는 종교적으로 암울한 시대였습니다. 국가가 종교적으로 하나님 중심으로 신본주의 정책을 폈다면 하나님께 쓰임받기 원하는 신학도들이 정책적으로나 사회적으로 지지와 지원을 받았을 것이지만 이 당시는 정치적으로나 종교적으로 신앙이 상실되었던 시기였기 때문에 선지생도로서 살아가기란 쉽지 않았습니다. 이런 시대에 가정이 있는 선지생도가 엘리사처럼 주의 길을 걷고자 했지만 빚만 남기고 죽고 말았습니다. 한 집안의 가장이 죽은 것도 슬픈 일인데 빚쟁이가 찾아와 빚을 갚지 못하면 아들 둘을 데리고 가서 종으로 삼겠다고 하자 남겨진 가족들은 삶도 마음도 비참하게 되었습니다. 견디다 못한 그의 부인은 엘리사 선지자를 찾아가 통곡하며 매달렸고 엘리사 선지자는 하나님의 기적으로 그 부인을 도와주었습니다.

기도는 나의 나됨과 하나님의 하나님 되심을 인정하는 과정입니다. 기도는 거창한 말을 나열하는 것이 아니라 진심을 담는 것입니다. 진심이 없는 기도는 주술과도 같습니다. 진심으로 기도한다면 우리의 마음을 감찰하시는 하나님께서 귀를 기울여 들어주실 것입니다. 선지생도의 아내는 남편이 죽고 빚쟁이가 찾아와 아들까지 종으로 삼겠다고 하자 어미로서 비참함을 감추지 않고 엘리사에게 찾아와 목 놓아 울었습니다. 하나님은 우리에게 위기의 시간이 찾아 왔을 때 우리의 힘으로 견디고 참으려고 하는 것보다 하나님 앞에 나와서 무릎 꿇고 기도하기를 원하십니다. 만약 이 여인이 하나님 앞에서 도움을 간청하지 않고 여기저기 사람들에게 도움을 구하며 자신의 힘으로 해결하려고 노력했다면 자녀들에게는 어머니로서 존경받았을 수 있었겠지만 영혼의 구원과는 거리가 멀어졌을 것입니다. 그리고 아들들이 조금이라도 섭섭하게 하면 내가 너희를 어떻게 키웠는데 내가 고생한 것을 몰라 주냐고 원망했을 것입니다. 정작 중요하게 바라봐야 하는 하나님은 바라보지 못하면서 자식에게 인정받기 원하는 마음으로 가득했을 것입니다.

하나님의 사람은 하나님 안에서 사는 법을 배우고 생각해야 합니다. 위기 속에서 발을 동동 구르며 뛰어 다녀도 시원찮은데 기도한다고 하면 무책임하고 무능력해 보일 수 있습니다. 그러나 그것은 기도를 통한 하나님의 능력을 아는 지혜입니다. 하나님을 만난 사람의 확신과 믿음이며 신뢰의 결과입니다.

엘리사가 저에게 이르되 내가 너를 위하여 어떻게 하랴 네 집에 무엇이 있는지 내게 고하라 저가 가로되 계집종의 집에 한 병기름 외에는 아무 것도 없나이다 가로되 너는 밖에 나가서 모든 이웃에게 그릇을 빌라 빈 그릇을 빌되 조금 빌지 말고 너는 네 두 아들과 함께 들어가서 문을 닫고 그 모든 그릇에 기름을 부어서 차는대로 옮겨 놓으라 여인이 물러가서 그 두 아들과 함께 문을 닫은 후에 저희는 그릇을 그에게로 가져 오고 그는 부었더니 그릇에 다 찬지라 여인이 아들에게 이르되 또 그릇을 내게로 가져 오라 아들이 가로되 다른 그릇이 없나이다 하니 기름이 곧 그쳤더라 그 여인이 하나님의 사람에게 나아가서 고한대 저가 가로되 너는 가서 기름을 팔아 빚을 갚고 남은 것으로 너와 네 두 아들이 생활하라 하였더라 (왕하4:2~7)

엘리사 선지자는 이 여인에게 "내가 너를 위하여 어떻게 하면 좋겠냐"고 하며 집에 무엇이 있는지 물었습니다. 이에 여인은 한 병 기름 밖에는 아무 것도 없다고 답했습니다. 당시 기름은 음식을 하는 용도로도 쓰였고 불을 밝히는 용도로도 쓰였습니다. 그런데 이 집에는 작은 기름 한 병 외에는 아무것도 없었습니다. 얼마나 생활이 어려웠는지 엿볼 수 있습니다.

우리에게 있는 것이 무엇입니까? 은행에 저축해 놓은 돈이 있을 수 있고 남몰래 사놓은 주식이 있을 수도 있습니다. 그러나 그런 것이 진정한 소망이 되지는 못합니다. 하나님만이 우리의 소망이 되시는 줄 믿습니다. 하나님께서 주시는 소망은 내가 손에 쥐고 있는 재산이 아닙니다. 소망이란 비록 현재 아무 것도 없을지라도 하나님을 믿기 때문에 주어지는 은혜를 기대하는 것입니다. 작은 새싹에 물을 주면 열매에 대한 기대가 생기고 상대방에게 잘 해주면 내가 어려울 때 내 편이 되어 줄 것이라는 기대가 생깁니다. 공부하는 사람은 내일에 대한 기대가 생깁니다. 마찬가지로 우리가 하나님께 기도할 때 하나님께 기대가 생깁니다. 어떤 사람들은 교회에 다녀도 하나님께 아무것도 기대하지 않고 삽니다. 기도하지 않기 때문입니다. 그러나 기도하는 사람은 비록 지금은 연약하고 비참할지라도 소망이 있고 기대함이 있습니다. 기도할 때 우리 마음속에서 하나님을 향해서 기대의 마음이 생기고 내일의 소망이 느껴집니다. 지금 아무것도 없어도 웃을 수 있습니다. 기도로 하나님께 응답을 받는 것은 너무나 벅차고 감동스러운 일입니다. 그러나 더 중요하고 감사한 것은 우리가 기도할 때 우리의 소리를 듣는 하나님께서 우리의 아버지가 되신다는 것입니다. 하나님께서 우리의 아버지가 아니면 우리의 기도 소리를 듣고 응답해 주실 이유가 없습니다. 길거리에서 지나가는 사람에게 떠들면 우리의 소리에 답해줄 사람이 없습니다. 오히려 미친 사람 취급하며 피해갈 것입니다. 오직 나와 관계가 있는 사람만이 내 소리에 화답하여 줍니다.

선지생도의 아내는 당장 발등에 불이 떨어졌습니다. 빚을 갚지 못하면 두 아들이 종으로 팔려가게 되었습니다. 이 여인이 엘리사에게 부르짖어 하나님의 도우심을 입었을 때 하나님께서는 이 여인의 두 아들의 생명뿐만 아니라 그의 영혼까지 구원 하셨습니다. 엘리사에게 도움을 청하러 찾아왔을 때만해도 이 여인은 남편이 선지생도였던 것을 내세워 도움을 요청했습니다. 그러나 이 기름 사건으로 인해서 이 여인은 자신의 하나님을 만났을 것입니다. 방문을 닫고 들어가서 그릇에 기름을 채우고 또 다른 그릇에 채우기를 반복하면서 공급하시되 부족함이 없으신 하나님을 깨달았을 것입니다. 절망의 날에 신앙이 좋아 보이는 사람에게 기도 부탁하는 것보다 우리 각자가 엎드려 기도해야 합니다. 우리가 기도하고자 한다면 우리의 삶은 기대해도 좋을 만한 삶, 생명력 있는 삶으로 바뀌게 될 것입니다.

◇◇◇◇◇
함께 하는 기도

하나님, 우리의 삶이 기도하는 삶이기를 소원합니다. 나의 나됨을 너무나 잘 아시는 하나님 앞에 하나님의 은혜가 없고서는 잠시도 살 수 없는 것을 고백하게 하시고 하나님의 도움을 간구하는 겸손한 심령이 되게 하옵소서. 사람들은 내 앞에서는 웃지만 도움을 청하는 날에는 돌아섭니다. 오직 우리의 구원자 되시는 주님 앞에 기도하는 삶을 살게 하시고 우리가 기도할 때 위대하시고 전능하신 하나님을 만나는 은혜를 허락해 주옵소서.

예수님의 이름으로 기도합니다. 아멘.

6

핍박과 시련 중의 기도

(야고보서 1:6~7)

오직 믿음으로 구하고 조금도 의심하지 말라
의심하는 자는 마치 바람에 밀려 요동하는 바다 물결 같으니
이런 사람은 무엇이든지 주께 얻기를 생각하지 말라 (약1:6~7)

야고보서는 기독교 박해가 시작되기 직전인 AD 60~62년 사이에 예루살렘에서 야고보에 의해 기록되었습니다. 스데반 집사의 순교로 시작된 박해는 유대교에서 기독교로 개종한 유대인들이 로마제국으로 뿔뿔이 흩어지는 원인이 되었습니다. 그러나 그곳에서도 로마 황제만을 숭배해야 한다는 사상이 지배적이었기 때문에 그리스도인들은 핍박과 박해를 피할 수 없었습니다.

이렇게 성도들이 흩어지면서 성도와 사도들과의 교제가 단절되자 믿음으로만 구원받는다는 기독교의 참된 복음이 변질되고 말았습니다. 이를 안타깝게 여겼던 야고보는 로마 전역에 흩어져 살던 모든 유대 성도들에게 편지를 써서 그들에게 필요한 것은 오직 믿음이라고 말하며 참된 믿음을 갖기를 권고했습니다. 야고보는 편지 서두에 하나님께서 주시는 어려움을 어떻게 생각해야 하는지 그 기준을 제시하고 있습니다.

> 내 형제들아 너희가 여러가지 시험을 만나거든 온전히 기쁘게 여기라 이는 너희 믿음의 시련이 인내를 만들어 내는줄 너희가 앎이라 인내를 온전히 이루라 이는 너희로 온전하고 구비하여 조금도 부족함이 없게 하려 함이라 (약1:2~4)

오늘 우리는 하나님을 믿는다고 말하지만 작은 어려움 앞에서도 쉽게 흔들리고 넘어집니다. 그만큼 우리의 믿음이 연약하다는 뜻입니다. 그러나 야고보는 성도에게 환란이 오지만 그것으로 인해서 인내가 생기고 그 인내로 믿음이 온전해진다고 말하였습니다. 하나님께서 성도들에게 주시는 시련과 시험, 환란과 심적인 어려움은 성도들의 믿음을 온전하게 하기 위하여 성도를 훈련시키기 위한 방편일 뿐이기에 그 어려움 자체만 바라보고 힘들어 해서는 안 됩니다.

성도들이 환란을 겪게 되는 것에는 몇 가지 이유가 있습니다. 죄악 때문에 겪는 것일 수도 있고 하나님께서 순종과 헌신을 요구하시기에 몰아가시는 것일 수도 있습니다. 그리고 요셉처럼 하나님이 작정하신 뜻을 위해 당하는 고통도 있습니다. 또한 야고보가 이야기하고 있는 것과 같이 성도의 인내를 키우고 믿음을 구비하여 온전하게 하기 위한 것일 수도 있습니다. 야고보의 말처럼 우리의 믿음을 온전하게 하기 위한 고난이라면 우리는 견디고 이기는 법을 배워야 합니다. 어려움 앞에서 우리의 믿음을 검증하지 못하면 우리는 평안한 날에 갖는 그 믿음이 진짜 내 믿음이라고 생각합니다. 그 믿음으로 모든 것을 다 할 수 있을 것 같지만 시련이 오고 시험이 오면 요동치고 맙니다. 그렇기 때문에 우리는 시험대 앞에 우리의 믿음이 놓였을 때 우리의 부족함과 연약함이 무엇인지 발견하고 겸손해야 합니다. 이것이 하나님께서 우리에게 믿음의 시련을 통해서 우리를 겸손하게 하시고 우리 인생들에게 복을 주시는 방편으로 삼으십니다.

> 너희 중에 누구든지 지혜가 부족하거든 모든 사람에게 후히 주시고 꾸짖지 아니하시는 하나님께 구하라 그리하면 주시리라 (약1:5)

그래서 야고보는 핍박 앞에서 뿔뿔이 흩어진 그리스도인들을 향하여 하나님은 지혜가 부족한 자에게 후히 주시고 꾸짖지 않으시는 분인데 어찌하여 구할 생각은 안하냐고 하였습니다. 우리에게 어려움이 온다면 요동칠 일이 아니라 그것을 감당할 은혜를 구해야 합니다. 지혜도, 인내도, 물질도, 환경도, 건강도, 사람과의 관계도 구해야 합니다. 그것을 위하여 구하는 자들을 주님은 꾸짖지 않으시는 분입니다. 그러나 이 당시 예루살렘의 초대교회와 그리스도인으로 개종한 유대인들은 자신의 연약한 믿음을 위하여 하나님께 은혜를 간구하기 보다는 환란과 시험이 두려워 도망가기 바빴습니다. 시련이 올 때 우리는 흔들리고 넘어지고 요동칠 우리 자신을 너무 잘 압니다. 물질이 없어지고, 건강이 쇠하고, 자존심이 상하는 일 앞에 요동칠 우리 자신을 잘 안다면 우리는 하나님께 은혜를 구해야 합니다. 하나님께서는 후히 주시되 차고 넘치게 주시는 분이시며 꾸짖지 않으시는 분이기 때문입니다. 자신의 연약함을 솔직하게 아뢰고 주의 은혜를 요청할 수 있는 신앙으로 선다면 그 시련의 자리에서 믿음의 뿌리가 든든히 내릴 것입니다.

오직 믿음으로 구하고 조금도 의심하지 말라 의심하는 자는 마치 바람에 밀려 요동하는 바다 물결 같으니 이런 사람은 무엇이

든지 주께 얻기를 생각하지 말라 두 마음을 품어 모든 일에 정함이 없는 자로다 (약1:6~8)

땅에 씨앗을 뿌리는 농부가 금방 싹이 안 난다고 씨 뿌린 자리를 파헤쳐서 씨앗을 꺼내 다른 곳에 심고 또 금방 싹이 안 난다고 또 파헤치고 한다면 그 씨앗은 새싹을 틔울 수 없습니다. 야고보는 믿음으로 하나님께 구했다면 그 속에 정한 마음을 가져야 한다고 하였습니다. 시련을 이겨낼 수 있는 것은 믿음 외에는 없기에 믿음으로 정한 마음을 가져야 합니다. 거기에 다른 생각을 덧붙여 의심하면 바람에 밀려 요동하는 바다 물결과 같고 그런 사람은 무엇이든지 주께 얻기를 생각지 말라고 하였습니다. 여기서 구해놓고 다른 곳에 가서 얻으려고 하면 얻을 수 없습니다. 나무를 심은 곳에서 열매를 거두어야 합니다. 나뭇잎이 가지에 꼭 붙어 있으면 바람이 불 때 흔들릴 수 있어도 떨어지지는 않습니다. 그러나 가지에 간신히 붙어 있는 나뭇잎은 약한 바람에도 떨어지고 맙니다. 마찬가지로 우리가 주님 앞에서 정한 마음을 갖는다면 혹시 흔들릴 수는 있을지 모르나 결코 주님을 떠나지는 않습니다.

야고보는 핍박을 피해 흩어지고 이신득의(以信得義)의 신앙에서 떠난 초대교회의 성도들에게 오직 믿음 외에는 없다고 강조

했습니다. 성도가 시련 앞에서 자신의 부족함에 하나님의 은혜를 요청하고 아무리 어려운 상황과 환경을 만나더라도 정한 마음을 갖고 주의 뜻에 뿌리를 내리고자 기도 한다면 그 모든 것을 감당하게 하시는 영광을 보게 될 것입니다.

사랑과 은혜가 풍성하신 하나님, 감사합니다. 우리에게 필요한 것은 오직 믿음인 줄 압니다. 바람에 밀려 요동하는 자와 같지 않게 하시고 우리 속에 온전한 믿음을 허락해 주옵소서. 주님, 우리는 우리 자신의 믿음의 연약함을 스스로 알고 있습니다. 후히 주시고 꾸짖지 아니 하시는 하나님 앞에 부족한 것을 구하게 하시고 정한 마음을 갖게 하사 하나님 안에서 믿음의 뿌리를 내리게 하옵소서. 시련을 겪을수록 신앙의 뿌리가 든든해져서 거목으로 자라게 하시고 열매를 맺는 영광스러운 자리까지 인도하여 주옵소서.

예수님의 이름으로 기도합니다. 아멘.

7

내일을 준비하는 성도의 삶

(창세기 41:37~45)

요셉이 바로에게 고하되 바로의 꿈은 하나이라
하나님이 그 하실 일을 바로에게 보이심이니이다 (창41:25)

하나님은 모든 사람이 다 알도록 일하실 때가 있는 반면에 비밀스럽게 일하실 때가 있습니다. 비밀은 모든 사람이 다 알 수 있는 것이 아닙니다. 하나님께서는 하나님의 비밀을 특별히 택함을 입은 자나 구별 받은 자, 하나님을 사모하는 자들에게 알게 하십니다. 지금도 하나님은 끊임없이 다양한 형태와 방법으로 우리에게 깨달음을 주시고자 말씀하십니다. 그러나 우리는 우연한 일로 생각하고 무심코 지나쳐 하나님께서 말씀하시는 것을 알지 못합니다. 비슷한 문제를 계속 겪으면서 운이 없어서 그렇다고 치부해 버리면 평생 똑 같은 일을 반복할 수밖에 없습니다. 그러나 과연 이 문제의 원인이 무엇이고 하나님께서 내게 말씀하고 있는 것이 무엇인지 알고자 한다면 하나님께서 깨닫게 하실 것입니다. 이처럼 하나님은 성도가 하나님의 비밀을 알고자 기도하기를 원하십니다. 요셉은 그런 사람이었습니다. 모든 일에서 자신에게 말씀하시는 하나님의 비밀을 알기 원했습니다.

　어느 날 애굽의 왕에게 사건이 일어났습니다. 그가 꿈을 꾸었는데 이해할 수도 없고 받아들이기도 힘든 꿈이었습니다. 그러나 더 괴로운 것은 그 꿈을 해석할 사람이 없었다는 것입니다. 왕의 꿈은 아름답고 살찐 일곱 암소가 있는데 파리하고 흉악한 일곱 암소가 살찐 암소들을 잡아먹는 꿈이었습니다. 너무 괴로워서 잠에서 깼다가 다시 잠이 들었는데 또 충실한 일곱 이삭을 세약한 일곱 이삭이 나타나서 삼켜 버리는 꿈을 꾸었습니다. 잠에서 깨어 애굽의 술객과 박사를 불러 꿈을 해석하라고 했지만 마땅히 그 꿈을 해석하는 자가 없었습니다. 그 때 술 맡은 관원장이 자신이 감옥에 있을 때 만났던 요셉을 추천하게 되었고 요셉은 왕의 꿈을 해석하여 애굽의 총리가 되었습니다. 하나님께서 주신 꿈을 꾸었거나 기도 중에 어떤 영감을 받았다고 해도 그것을 깨닫고 해석할 수 없다면 아무 의미가 없을 것입니다. 바로가 꿈을 꾸었지만 그 꿈을 해석하는 요셉이 있었기 때문에 그의 꿈은 결과적으로 복이 되었습니다.

지금도 하나님께서는 수 없이 다양한 채널을 통해서 우리에게 말씀하십니다. 때로는 성경의 말씀을 통해서, 때로는 양심의 가책을 통해서, 때로는 질병이나 환경을 통해서 끊임없이 말씀하고 계십니다. 그러나 그것들이 갖는 의미를 알지 못한다면 그 자체일 뿐입니다. 바로의 꿈도 그 꿈을 해석할 수 있는 요셉이 없었다면 이상한 꿈에 지나지 않았을 것입니다. 사람들은 하나님을 알고 싶다고 말하지만 '왜 이런 일이 일어났는지 모르겠어. 생각하기 싫다'고 말하며 자신이 원하는 방식대로 하나님의 음성을 듣고자 합니다. 하나님께서는 우리가 기도하되 삶의 작은 부분을 통해서도 하나님께서 말씀하심이 무엇인지 듣고자 하는 마음자세를 원하십니다. '하나님, 왜 제게 이런 일이 생긴 것입니까? 이것을 통해서 하나님께서 말씀하심이 무엇입니까?' 하나님의 비밀을 알고자 하는 기도, 하나님께서 감추어 놓은 의도를 알고자 기도하는 것을 기다리고 계십니다.

누군가 자신의 비밀을 남몰래 알려준다는 것은 나를 그만큼 신뢰한다는 의미도 되고 나를 특별하게 생각한다는 의미도 될 것입니다. 하나님께서는 하나님의 비밀을 우리에게 알려 주고 싶어 하십니다. 그러나 그것을 듣고자 심령의 귀를 기울이는 것은 우리의 몫입니다. 요셉은 하나님의 주권을 인정하는 자세가 있었습니다. 매사에 일어나는 일들을 우연으로 여기지 않았습니다. 요셉은 온 세상을 다스리시는 분이 하나님이라는 믿음이 있었기 때문에 바로왕의 꿈 이야기를 듣고 하나님께서 하실 일을 왕에게 보이신 것이라고 말할 수 있었습니다.

요셉은 억울한 일을 많이 겪었습니다. 이복형들에게 시기와 질투를 받아서 애굽으로 팔렸고 애굽에서도 음모로 인한 옥살이를 했습니다. 분노와 억울함으로 세월을 보냈을 수도 있었겠지만 개인적인 억울함을 뒤로하고 하나님께서 자신에게 일어난 모든 일들을 조성하셨고 주관하고 계신다는 마음을 가졌습니다. 즉 하나님을 인정하는 자세가 있었다는 것입니다. 이런 마음을 갖기란 쉽지 않습니다.

작은 일이라도 억울한 일을 당하면 흥분하고 화가 나며 나에게 해를 입힌 사람을 죽을 때까지 만나고 싶지 않은 것이 인지상정입니다. 그런데 그렇게 감정이 상하고 나면 아무리 하나님께서 우리에게 말씀하셔도 들을 수 없는 마음의 상태가 되고 맙니다. 그래서 우리가 이성의 잣대로 받아들이려고 하거나 감정이 상한 채로 있으면 하나님은 어떤 말씀도 해주실 수가 없습니다. 요셉은 감옥에 있다가 하루아침에 애굽의 왕 앞으로 부름 받아

갔지만 그의 마음은 감옥에 있을 때나 왕 앞에서나 한결같았습니다.

바로는 자신이 애굽을 다스린다고 생각했는데 요셉이 해석해 준 꿈을 통해 하나님을 알게 되었습니다. 자신보다 더 크고 높은 신, 여호와 하나님을 깨달았기에 요셉을 총리로 세웠습니다.

> 바로가 그 신하들에게 이르되 이와 같이 하나님의 신이 감동한 사람을 우리가 어찌 얻을 수 있으리요 하고 요셉에게 이르되 하나님이 이 모든 것을 네게 보이셨으니 너와 같이 명철하고 지혜 있는 자가 없도다 너는 내 집을 치리하라 내 백성이 다 네 명을 복종하리니 나는 너보다 높음이 보좌 뿐이니라 (창41:38~40)

이것은 요셉에게 총리를 시켰다기보다 하나님께 자신의 애굽을 맡긴 것이라 할 수 있습니다. 하나님을 아는 자, 하나님의 신에 감동된 요셉에게 애굽을 맡겨 하나님께서 애굽을 다스리시게 한 것입니다. 요셉은 억울한 일 가운데도 하나님의 다스리심을 인정했기에 하나님께서는 요셉에게 하나님의 비밀을 열어 보이셨습니다.

성도의 기도는 오늘 문제가 생기고 나서야 오늘을 위한 기도를 하는 것이 아니라 하나님께서 이미 내일 있어야 할 일을 알게 하신 것을 오늘 기도하는 것입니다. 내일이 오면 준비한 것을 이행해야 합니다. 그러나 인간이 타락하고 변질되고 완악하기에 하나님께서 아무리 내일의 일들을 말씀하셔도 듣기 싫어하는 미련한 자가 되어 병들고 나서야, 문제가 생기고 나서야, 고통을 겪고 나서야, 발등에 불이 떨어지고 나서야 하나님께 도움을 요청합니다. 하나님께서 그 문제를 왜 주셨는지 궁금하게 여기지도 않고 그냥 도와달라고만 합니다. 하나님은 이방의 왕을 통해서도 있어야 할 일을 말씀하시는 분이시기에 지금도 요셉처럼 하나님의 비밀을 알기위해 기도를 하는 자를 찾으십니다.

> 바로가 요셉에게 이르되 내가 한 꿈을 꾸었으나 그것을 해석하는 자가 없더니 들은즉 너는 꿈을 들으면 능히 푼다더라 요셉이 바로에게 대답하여 가로되 이는 내게 있는 것이 아니라 하나님이 바로에게 평안한 대답을 하시리이다 (창41:15,16)

요셉은 자신이 특별한 은사가 있어서 꿈을 해석하는 것도 아니고 하나님께서 꼭 자신을 통해서만 말씀하시는 것도 아닌 것을 알았습니다. 요셉의 겸손은 억지로 남을 자신보다 더 높게 여기는 겸손이 아니라 자신이 하나님을 아는 것이 전부가 아니라는 겸손이었고 하나님께서 어떤 것을 말씀하셔도 그 뜻을 듣고

자 하는 자신의 위치를 아는 겸손이었습니다. 하나님은 그런 요셉에게 있어야 할 일들을 친히 알게 하셨습니다. 아무리 꿈을 꾸어도 좋은 꿈, 나쁜 꿈으로만 구분 지으려 하지 그 뜻을 알기 위해서 하나님께 묻는 사람은 극히 드뭅니다. 그 꿈을 해석하지 못하고 꿈만 꾼들 무슨 의미가 있을까요? 성경도 마찬가지입니다. 우리에게는 성경이 있습니다. 그것이 하나님의 말씀인 것도 알고 있습니다. 그러나 그 속에 감추어진 뜻과 비밀을 알려고 간절히 기도하는 사람은 드뭅니다. 하나님을 알고자 하는 사람은 어떤 말씀 앞에서도 그 말씀을 소홀히 받지 않습니다. 기도 중에 감동을 받았다면 감동 받은 것으로 끝나는 것이 아니라 하나님께서 왜 그런 마음을 주셨는지 묻습니다. 하나님은 다양한 방법을 통해서 말씀하시고 내일 있어야 할 일들을 준비하게 하십니다. 하나님께서 말씀하시는 채널은 설교, 성경, 기도 중의 감동, 양심의 가책, 꿈, 사람과의 대화, TV 내용이 될 수도 있습니다. 하나님은 세미한 음성도 소중히 받고 하나님의 뜻을 알고자 그 말씀을 붙들고 기도하는 자들에게 더 깊은 것들을 열어 계시하시고 알게 하시는 분입니다. 그리고 하나님의 뜻을 깨달은 자에게 지혜가 되게 하십니다. 바로는 요셉의 꿈 해석을 듣고 하나님의 신에 감동된 요셉을 귀하게 여기며 총리로 세웠습니다.

자기의 인장 반지를 빼어 요셉의 손에 끼우고 그에게 세마포 옷을 입히고 금사슬을 목에 걸고 자기에게 있는 버금 수레에 그를 태우매 무리가 그 앞에서 소리 지르기를 엎드리라 하더라 바로가 그로 애굽 전국을 총리하게 하였더라 (창41:42,43)

요셉은 앞으로 올 일들을 대비하는 자가 되었습니다. 그리고 7년의 기근 중에 애굽만 살린 것이 아니라 애굽 주변의 모든 나라들도 살렸습니다. 몇 달만 비가 오지 않아도 심각한 가뭄으로 고통을 겪는데 7년 동안 비가 한 방울도 내리지 않았으니 식물, 동물, 사람 할 것 없이 모두 죽음의 고통 중에 있었을 것입니다. 그런데 애굽은 요셉의 지혜로 주변국까지 살릴 수 있었습니다. 그리고 애굽은 7년 흉년을 계기로 세상의 중심이 되었습니다.

우리가 하나님의 비밀을 알고자 기도할 때 하나님은 말씀해 주시고 더 깊은 비밀까지도 열어 알게 하십니다. 그 비밀을 깨달은 사람은 내일을 준비하는 삶을 살아야 합니다. 내일을 준비하는 삶을 살다보면 그 사람이 중심이 되어 갑니다. 존귀해 지고 명예가 살아나고 하나님의 영광이 나타납니다. 우리는 이제 무엇을 달라고 기도하는 초보적인 신앙이 아니라 끊임없이 말씀하고 계시는 하나님의 음성에 귀가 열어지기를 위해 기도해야 합니다. 그리고 하나님이 말씀하셨다면 감추어진 뜻을 알고자 기도해야 합니다. 그럴 때 나와 우리 가족만 사는 것이 아니라 우리 주변에 있는 모든 사람이 함께 살아날 만한 지혜가 있게 될 것입니다. 하나님의 지혜는 막연하거나 세상의 처세와 같은 것이 아닙니다. 내일 있어야 할 일을 알 수 있는 지혜입니다. 내일 있게될 일을 알고 준비한 자는 요동치지 않습니다. 오히려 그 일이 있을 때 하나님께서 높여 주시는 은혜가 있습니다.

◇◇◇◇◇
함께 하는 기도

하나님, 우리가 이 세상 사람들과 다를 바가 없이 오늘의 삶을
위한 기도만 하고 있는 것을 용서하여 주옵소서. 오늘의 일 때
문에 어찌해야할 바를 몰라 전전긍긍하고 발등에 불이 떨어지
고 나서야 그것을 고민할 수밖에 없는 어리석은 자가 되었으
니 용서하여 주옵소서. 하나님의 비밀을 아는 기도를 할 수 있
기를 원합니다. 하나님께서는 우리에게도 끊임없이 바로의 꿈
처럼 다양하게 말씀하셨을 줄 압니다. 그러나 우리가 그 뜻을
묻지 않았고 그것을 말씀하신 하나님으로 해석하고자 하지 않
았기에 지금 우리는 허덕이는 자가 되었고 근심과 걱정하는
자가 되었으니 용서하여 주옵소서. 그러나 하나님, 요셉과 같
이 말씀하신 하나님으로 해석을 받고자 하는 마음 위에 내일
을 준비하고 모두가 살 수 있는 기도를 하게 하시는 줄 믿습니
다. 하나님이 모든 것을 친히 다스리심을 인정하는 기도, 하나
님 앞에서의 겸손, 또 하나님의 지혜를 사모하는 기도가 우리
에게 있게 하사 내일을 바라보는 기도를 할 수 있게 하여 주옵
소서. 그리고 우리로 인하여 모두가 살아날 수 있는 은혜의 삶
이 되게 하여 주옵소서.
예수님의 이름으로 기도합니다. 아멘.

◇◇◇◇◇◇◇◇◇◇◇◇◇

부록

기도와 관련된 성경구절 (개역개정)

창세기 25:21 ┃ 이삭이 그의 아내가 임신하지 못하므로 그를 위하여 여호와께 간구하매 여호와께서 그의 간구를 들으셨으므로 그의 아내 리브가가 임신하였더니

열왕기하 13:4 ┃ 아람 왕이 이스라엘을 학대하므로 여호아하스가 여호와께 간구하매 여호와께서 들으셨으니 이는 그들이 학대받음을 보셨음이라

열왕기하 20:11 ┃ 선지자 이사야가 여호와께 간구하매 아하스의 해시계 위에 나아갔던 해 그림자를 십도 뒤로 물러가게 하셨더라

역대하 33:13 ┃ 기도하였으므로 하나님이 그의 기도를 받으시며 그의 간구를 들으시사 그가 예루살렘에 돌아와서 다시 왕위에 앉게 하시매 므낫세가 그제서야 여호와께서 하나님이신 줄을 알았더라

에스라 8:23 ┃ 그러므로 우리가 이를 위하여 금식하며 우리 하나님께 간구하였더니 그의 응낙하심을 입었느니라

시편 3:4 ┃ 내가 나의 목소리로 여호와께 부르짖으니 그의 성산에서 응답하시는도다

시편 5:3 ┃ 여호와여 아침에 주께서 나의 소리를 들으시리니 아침에 내가 주께 기도하고 바라리이다

시편 6:9 ┃ 여호와께서 내 간구를 들으셨음이여 여호와께서 내 기도를 받으시리로다

시편 18:6 ┃ 내가 환난 중에서 여호와께 아뢰며 나의 하나님께 부르짖었더니 그가 그의 성전에서 내 소리를 들으심이여 그의 앞에서 나의 부르짖음이 그의 귀에 들렸도다

시편 22:5 ┃ 그들이 주께 부르짖어 구원을 얻고 주께 의뢰하여 수치를 당하지 아니하였나이다

시편 28:6 | 여호와를 찬송함이여 내 간구하는 소리를 들으심이로다

시편 30:2 | 여호와 내 하나님이여 내가 주께 부르짖으매 나를 고치셨나이다

시편 34:4 | 내가 여호와께 간구하매 내게 응답하시고 내 모든 두려움에서 나를 건지셨도다

시편 34:6 | 이 곤고한 자가 부르짖으매 여호와께서 들으시고 그의 모든 환난에서 구원하셨도다

시편 34:15 | 여호와의 눈은 의인을 향하시고 그의 귀는 그들의 부르짖음에 기울이시는도다

시편 40:1 | 내가 여호와를 기다리고 기다렸더니 귀를 기울이사 나의 부르짖음을 들으셨도다

시편 55:16 | 나는 하나님께 부르짖으리니 여호와께서 나를 구원하시리로다

시편 57:2 | 내가 지존하신 하나님께 부르짖음이여 곧 나를 위하여 모든 것을 이루시는 하나님께로다

시편 72:12 | 그는 궁핍한 자가 부르짖을 때에 건지며 도움이 없는 가난한 자도 건지며

시편 77:1 | 내가 내 음성으로 하나님께 부르짖으리니 내 음성으로 하나님께 부르짖으면 내게 귀를 기울이시리로다

시편 86:5 | 주는 선하사 사죄하기를 즐거워하시며 주께 부르짖는 자에게 인자함이 후하심이니이다

시편 86:7 | 나의 환난 날에 내가 주께 부르짖으리니 주께서 내게 응답하시리이다

시편 88:13 | 여호와여 오직 내가 주께 부르짖었사오니 아침에 나의 기도가 주의 앞에 이르리이다

시편 91:15 | 그가 내게 간구하리니 내가 그에게 응답하리라 그들이 환난 당할 때에 내가 그와 함께 하여 그를 건지고 영화롭게 하리라

시편 102:17 | 여호와께서 빈궁한 자의 기도를 돌아보시며 그들의 기도를 멸시하지 아니하셨도다

시편 106:44~46 | 그러나 여호와께서 그들의 부르짖음을 들으실 때에 그들의 고통을 돌보시며 그들을 위하여 그의 언약을 기억하시고 그 크신 인자하심을 따라 뜻을 돌이키사 그들을 사로잡은 모든 자에게서 긍휼히 여김을 받게 하셨도다

시편 107:6,7 | 이에 그들이 근심 중에 여호와께 부르짖으매 그들의 고통에서 건지시고

또 바른 길로 인도하사 거주할 성읍에 이르게 하셨도다

시편 107:13,14 | 이에 그들이 그 환난 중에 여호와께 부르짖으매 그들의 고통에서 구원하시되 흑암과 사망의 그늘에서 인도하여 내시고 그들의 얽어 맨 줄을 끊으셨도다

시편 107:19,20 | 이에 그들이 그들의 고통 때문에 여호와께 부르짖으매 그가 그들의 고통에서 그들을 구원하시되 그가 그의 말씀을 보내어 그들을 고치시고 위험한 지경에서 건지시는도다

시편 116:1 | 여호와께서 내 음성과 내 간구를 들으시므로 내가 그를 사랑하는도다

시편 118:5 | 내가 고통 중에 여호와께 부르짖었더니 여호와께서 응답하시고 나를 넓은 곳에 세우셨도다

시편 120:1 | 내가 환난 중에 여호와께 부르짖었더니 내게 응답하셨도다

시편 138:3 | 내가 간구하는 날에 주께서 응답하시고 내 영혼에 힘을 주어 나를 강하게 하셨나이다

시편 145:18 | 여호와께서는 자기에게 간구하는 모든 자 곧 진실하게 간구하는 모든 자에게 가까이 하시는도다

시편 145:19 | 그는 자기를 경외하는 자들의 소원을 이루시며 또 그들의 부르짖음을 들으사 구원하시리로다

이사야 58:9 | 네가 부를 때에는 나 여호와가 응답하겠고 네가 부르짖을 때에는 내가 여기 있다 하리라 만일 네가 너희 중에서 멍에와 손가락질과 허망한 말을 제하여 버리고

예레미야 15:11 | 여호와께서 이르시되 내가 진실로 너를 강하게 할 것이요 너에게 복을 받게 할 것이며 내가 진실로 네 원수로 재앙과 환난의 때에 네게 간구하게 하리라

예레미야 29:12 | 너희가 내게 부르짖으며 내게 와서 기도하면 내가 너희들의 기도를 들을 것이요

예레미야 33:3 | 너는 내게 부르짖으라 내가 네게 응답하겠고 네가 알지 못하는 크고 은밀한 일을 네게 보이리라

다니엘 9:23 | 곧 네가 기도를 시작할 즈음에 명령이 내렸으므로 이제 네게 알리러 왔느니라 너는 크게 은총을 입은 자라 그런즉 너는 이 일을 생각하고 그 환상을 깨달을지니라

호세아 12:3,4 | 야곱은 모태에서 그의 형의 발뒤꿈치를 잡았고 또 힘으로는 하나님과 겨루되 천사와 겨루어 이기고 울며 그에게 간구하였으며 하나님은 벧엘에서 그를 만나셨

고 거기에서 우리에게 말씀하셨나니

마태복음 6:6 | 너는 기도할 때에 네 골방에 들어가 문을 닫고 은밀한 중에 계신 네 아버지께 기도하라 은밀한 중에 보시는 네 아버지께서 갚으시리라

마태복음 7:7,8 | 구하라 그리하면 너희에게 주실 것이요 찾으라 그리하면 찾아낼 것이요 문을 두드리라 그리하면 너희에게 열릴 것이니 구하는 이마다 받을 것이요 찾는 이는 찾아낼 것이요 두드리는 이에게는 열릴 것이니라

마태복음 14:36 | 다만 예수의 옷자락에라도 손을 대게 하시기를 간구하니 손을 대는 자는 다 나음을 얻으니라

마태복음 21:22 | 너희가 기도할 때에 무엇이든지 믿고 구하는 것은 다 받으리라 하시니라

마태복음 26:41 | 시험에 들지 않게 깨어 기도하라 마음에는 원이로되 육신이 약하도다 하시고

마가복음 6:56 | 아무 데나 예수께서 들어가시는 지방이나 도시나 마을에서 병자를 시장에 두고 예수께 그의 옷 가에라도 손을 대게 하시기를 간구하니 손을 대는 자는 다 성함을 얻으니라

마가복음 9:29 | 이르시되 기도 외에 다른 것으로는 이런 종류가 나갈 수 없느니라 하시니라

마가복음 11:24,25 | 그러므로 내가 너희에게 말하노니 무엇이든지 기도하고 구하는 것은 받은 줄로 믿으라 그리하면 너희에게 그대로 되리라 서서 기도할 때에 아무에게나 혐의가 있거든 용서하라 그리하여야 하늘에 계신 너희 아버지께서도 너희 허물을 사하여 주시리라 하시니라

누가복음 18:7 | 하물며 하나님께서 그 밤낮 부르짖는 택하신 자들의 원한을 풀어 주지 아니하시겠느냐 그들에게 오래 참으시겠느냐

누가복음 21:36 | 이러므로 너희는 장차 올 이 모든 일을 능히 피하고 인자 앞에 서도록 항상 기도하며 깨어 있으라 하시니라

누가복음 22:46 | 이르시되 어찌하여 자느냐 시험에 들지 않게 일어나 기도하라 하시니라

사도행전 8:22 | 그러므로 너의 이 악함을 회개하고 주께 기도하라 혹 마음에 품은 것을 사하여 주시리라

로마서 8:15 | 너희는 다시 무서워하는 종의 영을 받지 아니하고 양자의 영을 받았으므로

우리가 아빠 아버지라고 부르짖느니라

로마서 8:26 | 이와 같이 성령도 우리의 연약함을 도우시나니 우리는 마땅히 기도할 바를 알지 못하나 오직 성령이 말할 수 없는 탄식으로 우리를 위하여 친히 간구하시느니라

로마서 8:27 | 마음을 살피시는 이가 성령의 생각을 아시나니 이는 성령이 하나님의 뜻대로 성도를 위하여 간구하심이니라

고린도후서 1:11 | 너희도 우리를 위하여 간구함으로 도우라 이는 우리가 많은 사람의 기도로 얻은 은사로 말미암아 많은 사람이 우리를 위하여 감사하게 하려 함이라

에베소서 6:18 | 모든 기도와 간구를 하되 항상 성령 안에서 기도하고 이를 위하여 깨어 구하기를 항상 힘쓰며 여러 성도를 위하여 구하라

빌립보서 4:6,7 | 아무 것도 염려하지 말고 다만 모든 일에 기도와 간구로, 너희 구할 것을 감사함으로 하나님께 아뢰라 그리하면 모든 지각에 뛰어난 하나님의 평강이 그리스도 예수 안에서 너희 마음과 생각을 지키시리라

골로새서 4:2 | 기도를 계속하고 기도에 감사함으로 깨어 있으라

데살로니가전서 3:10 | 주야로 심히 간구함은 너희 얼굴을 보고 너희 믿음이 부족한 것을 보충하게 하려 함이라

데살로니가전서 5:17 | 쉬지말고 기도하라

디모데전서 5:5 | 참 과부로서 외로운 자는 하나님께 소망을 두어 주야로 항상 간구와 기도를 하거니와

야고보서 5:13 | 너희 중에 고난 당하는 자가 있느냐 그는 기도할 것이요 즐거워하는 자가 있느냐 그는 찬송할지니라

야고보서 5:16 | 그러므로 너희 죄를 서로 고백하며 병이 낫기를 위하여 서로 기도하라 의인의 간구는 역사하는 힘이 큼이니라

베드로전서 3:12 | 주의 눈은 의인을 향하시고 그의 귀는 의인의 간구에 기울이시되 주의 얼굴은 악행하는 자들을 대하시느니라 하였느니라

베드로전서 4:7 | 만물의 마지막이 가까이 왔으니 그러므로 너희는 정신을 차리고 근신하여 기도하라